Terrorismus und Polizei

Henrik Dosdall

Terrorismus und Polizei

Der Fall Breitscheidplatz

Henrik Dosdall
Fachhochschule für öffentliche
Verwaltung Thüringen
Meiningen, Deutschland

ISBN 978-3-658-45069-4   ISBN 978-3-658-45070-0 (eBook)
https://doi.org/10.1007/978-3-658-45070-0

Die Deutsche Nationalbibliothek verzeichnet diese Publikation in der Deutschen Nationalbibliografie; detaillierte bibliografische Daten sind im Internet über https://portal.dnb.de abrufbar.

© Der/die Herausgeber bzw. der/die Autor(en), exklusiv lizenziert an Springer Fachmedien Wiesbaden GmbH, ein Teil von Springer Nature 2024

Das Werk einschließlich aller seiner Teile ist urheberrechtlich geschützt. Jede Verwertung, die nicht ausdrücklich vom Urheberrechtsgesetz zugelassen ist, bedarf der vorherigen Zustimmung des Verlags. Das gilt insbesondere für Vervielfältigungen, Bearbeitungen, Übersetzungen, Mikroverfilmungen und die Einspeicherung und Verarbeitung in elektronischen Systemen.
Die Wiedergabe von allgemein beschreibenden Bezeichnungen, Marken, Unternehmensnamen etc. in diesem Werk bedeutet nicht, dass diese frei durch jede Person benutzt werden dürfen. Die Berechtigung zur Benutzung unterliegt, auch ohne gesonderten Hinweis hierzu, den Regeln des Markenrechts. Die Rechte des/der jeweiligen Zeicheninhaber*in sind zu beachten.
Der Verlag, die Autor*innen und die Herausgeber*innen gehen davon aus, dass die Angaben und Informationen in diesem Werk zum Zeitpunkt der Veröffentlichung vollständig und korrekt sind. Weder der Verlag noch die Autor*innen oder die Herausgeber*innen übernehmen, ausdrücklich oder implizit, Gewähr für den Inhalt des Werkes, etwaige Fehler oder Äußerungen. Der Verlag bleibt im Hinblick auf geografische Zuordnungen und Gebietsbezeichnungen in veröffentlichten Karten und Institutionsadressen neutral.

Planung/Lektorat: Katrin Emmerich
Externes Lektorat: text plus form, Gunther Gebhard

Springer ist ein Imprint der eingetragenen Gesellschaft Springer Fachmedien Wiesbaden GmbH und ist ein Teil von Springer Nature.
Die Anschrift der Gesellschaft ist: Abraham-Lincoln-Str. 46, 65189 Wiesbaden, Germany

Wenn Sie dieses Produkt entsorgen, geben Sie das Papier bitte zum Recycling.

Danksagung

Bücher sind selten das Produkt einer Person und sehr viel öfter das Ergebnis langer Diskussionszusammenhänge. Dies gilt auch für das vorliegende Buch, das von den konstruktiven Hinweisen zahlreicher Kolleg:innen aus verschiedenen Bereichen und (ehemaliger) Studierender profitiert hat. Ohne die Zeit und die Mühe, die diese Personen in die Lektüre und Diskussion meiner Argumente investiert haben, wäre das vorliegende Ergebnis nicht möglich gewesen. Ohne Reihenfolge danke ich besonders Teresa Löckmann, Ece Ünal, Carolin Goerzig, Marcus Papadopulos, Thomas Hoebel, Stefanie Büchner, Phillip Männle und Marcel Schütz.

Alle verbleibenden Fehler, Irrtümer und Wissenslücken gehen auf den Verfasser zurück.

Inhaltsverzeichnis

1 **Terrorismus und Polizei, Organisationen und Einzeltäter:innen**   1
    Offene Fragen   2
    Polizeiliche Ermittlungen als organisierte Aktivität   5
    Vorhandene Erklärungsansätze   7
    Organisation und Umwelt   8
    Die leere Welt   10
    Datengrundlage und Struktur   14

2 **Der Anschlag auf Dem Breitscheidplatz – Oder: Einzeltäter:innen und Kontingenz**   15
    Eine kurze Einordnung   16
    Erste Planungen   20
    Betäubungsmittel   21
    Konkrete Planungen   23
    Tatentschluss   25
    Abklinken   27

Der Anschlag	30
Zwischenfazit	31

3 Der Islamische Staat und die Fluchtmigration – Oder: Ankunft in der Bundesrepublik 33

Fluchtmigration des Jahres 2015 – oder: Terrorismus und Migration	33
Terrorismus und Migration – oder: der Strategiewechsel des Islamischen Staates	35
Risikowahrnehmung der Polizei und polizeilicher Action Bias	37
Anis Amris Einreise nach Deutschland	39
Emmerich	42
Zwischenfazit	43

4 Radikalisierung und Polizeiliche Ermittlungen – Oder: Erste Anschlagspläne 45

Meldungen durch Geflüchtete und „Prüffall Islamismus"	46
Ermittlungskommission Ventum	48
V-Personen	48
VP-01	51
Zwei Arten der Radikalisierung	52
Amris Radikalisierung	56
Erste Kontakte mit der Berliner Polizei	59
Einstufung als Gefährder und Ortswechsel	61
Der Umgang mit dem Fall Amri im Gemeinsamen Terrorismusabwehrzentrum und Behördenzeugnis	63
Zwischenfazit	65

5 Beginn der Berliner Ermittlungen – Oder: die Polizeiliche Fallökologie 67

Typen von Ermittlungen	68
Die Differenzierung der Organisation Polizei	70

Inhaltsverzeichnis IX

Verneinung des Verdachts der Vorbereitung
einer staatsgefährdenden Straftat ... 77
Das polizeiliche Fallaufkommen ... 79
Zwischenfazit ... 82

**6 Die Ermittlungen Gegen Amri – Oder:
Ermittlungen als Organisationale Routinen** ... 85
Ermittlungen als Routinen ... 86
Die Observation Amris ... 89
Die Telekommunikationsüberwachung Amris ... 95
Begrenzte Rationalität ... 99
Unausweichliche Unvollständigkeit ... 101
Zwischenfazit ... 104

**7 Drogen und Terror – Oder: Unsicherheit,
Mehrdeutigkeit und Einstellung** ... 107
Erste Ermittlungsergebnisse der Polizei
Nordrhein-Westfalen ... 108
Erkenntnisse aus der Auswertung des
beschlagnahmten Mobiltelefons ... 111
Die Berliner Erkenntnisse ... 113
Amri als Grenzfall ... 116
Steigende Begründungslasten ... 118
Vereindeutigung und Einstellung ... 122
Zwischenfazit ... 125

8 Ermittlungen und Zeit ... 127
Worüber reden wir? ... 129
Erklärungsmodell für die Einstellung der
polizeilichen Ermittlungen gegen Amri ... 131
Zwei Zeiten – die Zeit des Attentäters und die
Zeit der Organisation ... 136
Das Dilemma der Polizei und das Problem des
zu schnellen Lernens ... 141
Zwischenfazit ... 147

9 Abschließende Reflexion — 149
Unsicherheit — 150
Behördenversagen? — 154
Ausblick: Passen die Lösungen zu den Problemen? — 156

Literatur — 159

1

Terrorismus und Polizei, Organisationen und Einzeltäter:innen

Das vorliegende Buch befasst sich aus soziologischer Perspektive mit polizeilichen Ermittlungen. Konkreter sind polizeiliche Ermittlungen im Kontext terroristischer Anschläge sein Thema. Und noch spezifischer geht es nicht um Anschläge im Allgemeinen, sondern um terroristische Anschläge durch sogenannte Einzeltäter:innen. Mit den polizeilichen Ermittlungen im Vorfeld des Anschlags auf dem Berliner Breitscheidplatz am 19. Dezember 2016 widmet sich der Text einem solchen Fall, der zugleich der bisher schwerste islamistische Anschlag in der Bundesrepublik war. Der Täter, Anis Amri, fuhr am Abend des 19. Dezember 2016 einen zuvor gestohlenen Lkw auf den Weihnachtsmarkt auf dem Berliner Breitscheidplatz. 11 Menschen fielen dem Anschlag zum Opfer, 170 Menschen wurden zum Teil schwer verletzt. Den Fahrer des gestohlenen Lkws hatte Amri zuvor erschossen.

Die Besonderheit des Anschlags ist, dass Anis Amri der Polizei bekannt war. Mehr noch, er war nicht nur bekannt, sondern die Länderpolizeien Nordrhein-Westfalen (NRW) und Berlin ermittelten intensiv gegen ihn. Diese Ermittlungen endeten jedoch wenige Monate vor dem Anschlag im August 2016 – und dies, obwohl Amri zuvor seine Absicht bekundet hatte, einen Anschlag begehen zu wollen.

Offene Fragen

Dass die Polizei den Täter kannte, gar monatelang gegen ihn ermittelte, weil er die Absicht kundtat, einen Anschlag zu begehen, führt zu einer Vielzahl von Fragen. Ganz unmittelbar stellt sich die Frage, warum es nicht gelang, einen Anschlag zu verhindern, der von einer Person ausgeführt wurde, die im Fokus polizeilicher Ermittlungen stand. Dass manche Täter:innen den Sicherheitsbehörden schlicht unbekannt sind und dann „aus dem Nichts heraus" einen Anschlag begehen können, ist vorstellbar. Dass aber eine polizeibekannte Person, die ihre Absicht dazu noch verkündet und gegen die aus diesem Grund ermittelt wird, die angekündigte Tat auch begehen kann, erscheint demgegenüber nahezu ausgeschlossen. Wenn dies dennoch geschieht, handelt es sich dann um einen Fall geradezu grotesken Behördenversagens? Und was verrät der Umstand, dass der Anschlag geschehen konnte, über die Möglichkeit, zukünftige Anschläge zu verhindern?

Die genannten Fragen stehen im Fokus des Buches. Um sie zu beantworten, werden die polizeilichen Ermittlungen im Vorfeld des Anschlags auf dem Breitscheidplatz analysiert. Diese Analyse verfolgt zwei Ziele. Sie möchte erstens die Gründe identifizieren, die dazu führten, dass die Ermittlungen gegen den späteren Täter Anis Amri frühzeitig eingestellt wurden. Und zweitens möchte sie ausgehend von diesen Gründen Erkenntnisse darüber gewinnen, welche Unsicherheiten den polizeilichen Umgang mit potenziellen Attentäter:innen prägen. Dies leitet sodann zum finalen Anliegen über, das darin besteht, zu klären, welche Lehren aus dem Anschlag vom Breitscheidplatz für die Frage gezogen werden können, ob sich terroristische Anschläge in Zukunft besser werden verhindern lassen können.

Der Hauptfokus des Buches liegt auf den polizeilichen Ermittlungen, genauer auf der Dynamik, die von diesen Ermittlungen in Gang gesetzt wird. Die Analyse wird aufzeigen, wie die Ermittlungen gegen Amri abliefen, in welchem gesellschaftlichen Kontext sie stattfanden, wie sich dieser Kontext auf die Ermittlungen auswirkte und warum die Ermittlungen schlussendlich frühzeitig eingestellt wurden. Immer wieder wird auch die Seite des Täters betrachtet. Durch die parallele Betrachtung von Polizei und späterem Täter wird es möglich, die Handlungen Amris in Beziehung zu den Ermittlungen zu setzen und auf diese Weise die Komplexität offenzulegen, die Ermittlungen im Bereich terroristischer Gewalt für die Polizei mit sich bringen.

Die Orientierung an Komplexität (siehe dazu auch Männle 2024) ist zugleich die Grundanlage der nachfolgenden Analyse. Es stellt daher weder eine Anklage- noch eine Rechtfertigungsschrift dar. Sein Ziel ist es, soziologisch informiert zu rekonstruieren, aus welchen Gründen die Verhinderung terroristischer Anschläge ein komplexes und fehleranfälliges Unterfangen ist. Leser:innen werden dafür auf verständliche Art und Weise mit soziologischen Konzepten vertraut gemacht, die aus der Organisationsforschung stammen. Auf unbotmäßige Vereinfachungen wird zugunsten einer des Themas angemessenen Aufarbeitung verzichtet.

Ein Teil dieser Komplexität muss an dieser Stelle jedoch bereits adressiert werden, um die Leitfrage des Buches adäquat einordnen zu können. Die Frage, warum die Berliner

Polizei ihre Ermittlungen einstellte, ist nicht deckungsgleich mit der Frage, warum der Anschlag nicht unterblieb. Auch wenn man es gewohnt ist, sich die Verhinderung terroristischer Taten als Resultat polizeilicher Ermittlungen vorzustellen, existieren vielfältige weitere Faktoren, die dazu führen können, dass geplante Anschläge unterbleiben (Dosdall 2021). Ein solcher Faktor ist bei sogenannten Einzeltäter:innen wie Amri etwa der Umstand, dass sie nur über geringe Ressourcen verfügen (Hoebel 2020; Schattka 2020). Sie sind nicht in der Lage, ihre Umwelt zu kontrollieren, und daher auf begünstigende Umstände angewiesen. So musste Amri, wie später gezeigt wird, einen Lkw mit dazugehörigem Schlüssel finden, um seine Anschlagspläne umsetzen zu können. Dass viele Einzeltäter:innen darüber hinaus nichtterroristische Straftaten begehen, birgt zudem das Risiko unkontrollierbarer Folgeeffekte für mögliche Anschlagsplanungen. So versuchte Amri im Juli 2016 aus der Bundesrepublik auszureisen, um sich dadurch einer möglichen Strafverfolgung zu entziehen, nachdem er zuvor im Zuge einer Auseinandersetzung mit einer konkurrierenden Gruppe einer Person mit einem Gummihammer auf den Kopf geschlagen hatte. Die Faktoren mangelnde Kontrolle über Umwelt und kriminelle Aktivitäten begünstigten im Fall Amri also immer wieder Ereignisketten, die das Risiko eines Anschlags hätten neutralisieren können; weitestgehend unabhängig von den eigentlichen Ermittlungen gegen Amri. Darüber hinaus können auch persönliche Entwicklungen, von Unfällen über Krankheiten bis hin zum Finden von Lebenspartner:innen, dazu führen, dass potenzielle Täter:innen von einmal gefassten Anschlagsplänen ablassen.

Abstrakt zusammenfassen lassen sich diese Aspekte dahingehend, dass die Planung und die Durchführung von terroristischen Anschlägen durch ein hohes Maß an Kontingenz geprägt sind. Mit Kontingenz ist im Anschluss an den Soziologen Niklas Luhmann das gemeint, was weder notwendig noch zwangsläufig ist, was also prinzipiell offen ist, mithin eintreten kann, aber nicht muss (Luhmann 1992). So hätte Amri krank werden, Partner:innen finden, auf begünstigende Umstände stoßen oder sich von extremistischem Gedankengut lossagen *können*. Für das Verständnis der polizeilichen Versuche, Anschläge zu verhindern, bedeutet diese Kontingenz, dass Ermittlungen nur eine Teilmenge der Gründe produzieren, aus denen Anschläge unterbleiben. Sicherlich stellen Ermittlungen die strukturiertesten und zielgerichtetsten Aktivitäten dar, um Anschläge zu unterbinden, aber eben nicht die einzigen. Aus diesem Grund ist, wie bereits betont, die Frage nach der frühzeitigen Einstellung der Ermittlungen nicht deckungsgleich mit der Frage, warum der Anschlag nicht unterblieb.

Polizeiliche Ermittlungen als organisierte Aktivität

Befasst man sich mit polizeilichen Ermittlungen, befasst man sich auch mit dem Tätigkeitsbereich einer Organisation, dessen Wahrnehmung durch mediale Erzeugnisse beeinflusst ist. Denken wir an Polizei und Terrorismus, haben wir Bilder in unseren Köpfen, die überwiegend durch mediale Produkte, also Serien, Filme, Bücher usw., geprägt sind. Die folgenden Seiten werden solche Vorstellungen ernüchtern. Die Darlegungen zu den Ermittlungen im Vorfeld des Anschlags auf dem Breitscheidplatz sind kein Bericht heroischer ermittlerischer Erfolge, aber auch keiner eklatanten und noch nie dagewesenen Versagens. Stattdessen handelt es sich um eine Analyse von Ermittlungen, wie Organisationen sie führen – denn wie alle anderen gesellschaftlichen Bereiche (Kühl 2011) ist auch das Feld der Terrorismusabwehr durch Organisationen geprägt

(Dosdall 2023). Und um nichts anderes handelt es sich bei Polizeien.

Damit sind bereits die zentrale Perspektive und das zentrale Thema des vorliegenden Buches angesprochen: Polizeien sind Organisationen, und dass sie Organisationen sind, hat Auswirkungen darauf, wie sie ermitteln. Beachtet man diesen Umstand nicht, bleibt für eine Analyse von Ermittlungen nur der Rückbezug auf Individuen oder einzelne Gruppen, ihre Handlungen, Wahrnehmungen, aber insbesondere auch ihre Fehler. Das mag spannend zu lesen sein, geht aber an der gesellschaftlichen Realität einer arbeitsteilig spezialisierten Organisation vorbei. Polizeiliche Ermittlungen sind mithin notwendig als organisierte Aktivitäten zu behandeln, also als Handlungen, die in Organisationen stattfinden und durch diese ermöglicht werden.

Der disziplinäre Bezugspunkt des Buches ist folglich die Organisationssoziologie und damit der Teil der soziologischen Forschung, der sich mit Organisationen befasst. Solch ein theoretischer Zugang ist dem hier im Fokus stehenden Gegenstand in besonderem Maße angemessen, da es sich, wie gesagt, bei Polizeien um Organisationen handelt. Bei polizeilichen Ermittlungen wiederum handelt es sich um organisierte Handlungsketten, in die eine Vielzahl von Personen in unterschiedlichen Rollen eingebunden sind: Schutzpolizist:innen, die Tatorte sichern und Spuren aufnehmen, Kriminalist:innen, die auf Aktenbasis ermitteln, Dolmetscher:innen, die Transkripte übersetzen, oder Observateur:innen, die Personen überwachen. Ermittlungen, so kann man formulieren, *sind Leistungen, die von Organisationen erbracht werden* – nicht von individuellen Ermittler:innen.

Um ins Thema einzusteigen, wird der mit dieser Perspektive eingenommene Blickwinkel anhand der Diskussionen um den Anschlag vom Breitscheidplatz erläutert. Die allgemeinen Ausführungen zur Anlage des Buches stellen zugleich den Einstieg in das leitende Thema dar: die

Ermittlungen im Vorfeld des Anschlags vom Breitscheidplatz.

Vorhandene Erklärungsansätze

Nach dem Anschlag kursierten in der Öffentlichkeit zahlreiche Erklärungsansätze, die bemüht waren, zu ergründen, wie es zu der Tat kommen konnte. Versucht man diese zu ordnen, lassen sich drei Argumentationslinien unterscheiden: politische, institutionelle und verschwörungstheoretische Erklärungen.

Politische Erklärungen hatten in der direkten Folge des Anschlags Konjunktur. Ihre zentrale Annahme war, dass der Anschlag das Resultat einer verfehlten Flüchtlingspolitik war. Wie in Kap. 3 gezeigt wird, ist die These, Migration führe zu Terrorismus, wissenschaftlich jedoch kaum belastbar (Böhmelt und Bove 2019). Dies unterstreicht den politischen und oft auch instrumentellen Charakter dieses Erklärungsansatzes; die Ermittlungen selbst spielen für diese Perspektive typischerweise keine Rolle.

Institutionelle Erklärungen gehören zu den prominentesten, in vielerlei Hinsicht aber auch zu den reflexhaften Erklärungen nach terroristischen Anschlägen. Sie zielen darauf ab, Gründe für die erfolglose Behördenarbeit zu finden. Mit Blick auf Deutschland wird aus der Perspektive institutioneller Kritiker:innen insbesondere der föderale Aufbau der deutschen sogenannten Sicherheitsarchitektur bemängelt, der eine negative Koordination (Scharpf 1972) zwischen den verschiedenen Behörden bedinge, also dazu führe, dass diese nicht zielgerichtet und eigeninitiativ zusammenarbeiten. Folgerichtig führten die Vertreter:innen dieser Perspektive die erfolglosen Ermittlungen im Vorfeld des Anschlags auf dem Breitscheidplatz auf die mangelhafte Koordination der Behörden zurück.

Sie schlussfolgerten daraus, dass die Sicherheitsbehörden stärker zentralisiert werden müssten, um die Koordination zwischen den Behörden zu verbessern. Prototypisch stehen dafür die Forderungen des ehemaligen CDU-Innenpolitikers Clemens Binninger, der in einem Beitrag fordert, „dem Bund die Aufgabe der Gefahrenabwehr und der Strafverfolgung bei der Bekämpfung des internationalen Terrorismus übertragen" (Binninger 2018, S. 98), und an anderer Stelle mit seinem Koautor für ein deutsches FBI plädiert (Binninger und Schuster 2017).

Verschwörungstheoretische Erklärungen werden an dieser Stelle nicht weiter ausgeführt, müssen aber aufgrund ihrer Verbreitung genannt werden. Wie andere terroristische Anschläge in den vergangenen Jahren hat auch der Anschlag vom Breitscheidplatz eine Vielzahl von Verschwörungstheorien hervorgebracht. Der Teil dieser Theorien, der sich auf die Sicherheitsbehörden bezieht und daher für das vorliegende Buch von Interesse ist, basiert einerseits oft auf Missverständnissen bis hin zur Unkenntnis der Arbeitsweise von Sicherheitsbehörden. Andererseits werden die Möglichkeiten der Ämter maßlos überschätzt, was zu der verschwörungstheoretischen Typik führt, Sicherheitsbehörden als übermächtige Marionettenspieler zu konzipieren. Solche Vorstellungen stehen aber in einem fundamentalen Missverhältnis zur gesellschaftlichen Realität (organisierter Ermittlungen). Dies gilt auch für das ihnen zugrunde liegende Verständnis, Behörden könnten ihre Umwelt kausal steuern.

Organisation und Umwelt

Im Unterschied zu den drei eben genannten Perspektiven verfolgt die vorliegende Analyse mit der bereits eingeführten Organisationsperspektive einen anderen Ansatz. Sie wählt diese Perspektive, da es sich – es wurde bereits gesagt – bei Polizeien um Organisationen handelt. Um das Handeln von Polizeien zu verstehen, ist es folglich nicht ausreichend, die politischen Rahmenbedingungen in den Blick zu nehmen oder auf die Sicherheitsarchitektur im Ganzen zu schauen; auch wenn dies zweifelsohne wichtige Aspekte sind. Vielmehr muss der Blick auf die organisationale Eigenlogik und auf die Elemente gerichtet werden, die diese Eigenlogik konstituieren. Nur auf die Organisation zu schauen, ist gleichwohl nicht ausreichend. Die organisationale (Eigen-)Logik muss in Relation gesetzt werden zu den Straftaten und den Unsicherheiten, auf die sie trifft. Folglich ist es entscheidend, neben der Organisation selbst auch die Charakteristika der Umwelt der Organisation zu berücksichtigen. Auf diesem Wege lässt sich ein mechanisches Verständnis polizeilicher Ermittlungen vermeiden.

Zwei Punkte sind dabei zentral für die Analyse polizeilicher Ermittlungen: die Art und Weise wie Straftaten begangen werden sowie die Akteur:innen, die diese Straftaten begehen und die Arbeitsweise sowie die Einschränkungen von Organisationen. Dies gilt es, kurz zu erläutern:

Zu 1. Die Art und Weise auf die Straftaten begangen werden, wirkt sich auf die Ermittlungen aus. Studien zeigen z. B., dass Angriffe, die mit Messern begangen werden, eine besseren Spurenlage und entsprechend bessere Aufklärungschancen generieren als solche, die die mit Schusswaffen begangen werden (Braga et al. 2019). Aber nicht nur die Tatmittel, auch die Frage, wer eine Straftat begeht, wirkt sich auf die Ermittlungen aus. So wird in der nachfolgenden Analyse gezeigt, dass Einzeltäter:innen für die Polizei eine andere Herausforderung darstellen als terroristische Gruppen oder Organisationen (siehe auch Dosdall und Löckmann 2023).

Zu 2. Polizeien arbeiten unter typischen Organisationsbedingungen: Sie verfügen nur über begrenzte Ressourcen, müssen oft eine Vielzahl von Fällen gleichzeitig bearbeiten, bilden spezifische Routinen heraus, die die Beiträge verschiedener Mitarbeiter:innen koordinieren, und handeln auf Basis unterhinterfragter Annahmen. All diese Merkmale prägen und beeinflussen polizeiliche Ermittlungen.

In Summe ist die analytische Prämisse des Buches folglich, dass man die Polizei als Organisation zu ihrer Umwelt (Anschlag und begehende Akteur:innen) in Beziehung setzen muss, um erfolglose polizeiliche Ermittlungen zu verstehen und zu erklären. Damit wird eine andere Sichtweise eingenommen als Arbeiten es tun, die die Gründe für die Erfolglosigkeit polizeilicher Ermittlungen im politischen oder institutionellen Raum vermuten. Verbunden ist mit dieser Sichtweise jedoch auch eine Zumutung, die die weitere Analyse immer wieder aufzeigen wird. Diese besteht darin, die Erfolglosigkeit polizeilicher Ermittlungen im Bereich Terrorismus zu normalisieren.

Die leere Welt

Aufarbeitungen der behördlichen – also organisierten – Seite basieren bei terroristischen Anschlägen gemeinhin auf der Prämisse, dass sämtliche behördlichen Handlungen im Vorfeld des Anschlags Erklärungswert für die Frage besitzen, warum der Anschlag nicht verhindert werden konnte. Präziser sind es vor allem Abweichungen von formalen Vorgaben, Konflikte, individuelle Fehler oder strukturelle Reibungen, denen Bedeutung zugeschrieben wird. Intuitiv scheint dies plausibel zu sein, da die Vermutung naheliegt, dass es bei Ausbleiben dieser Probleme gelungen wäre, den Anschlag zu verhindern. Attraktiv ist die Prämisse aber auch, weil sie eine einfache Lösung für zukünftige Anschläge nahezulegen scheint: Werden die Ursachen der Probleme behoben, lassen sich zukünftige Anschläge verhindern.

Bei genauerer Betrachtung verliert die Prämisse, dass *sämtliche* Handlungen Relevanz dafür besitzen, dass ein Anschlag nicht verhindert werden konnte, jedoch an Überzeugungskraft. Der Grund dafür ist, dass viele dieser Probleme *für die operativen Ermittlungen keinen Unterschied machen*. Die Spannung zwischen generalisierter Bedeutungszuschreibung und tatsächlicher Bedeutung lässt sich auch bei der Aufarbeitung des Anschlags auf dem Breitscheidplatz ausmachen, wie im Folgenden an zwei Beispielen aus der Aufarbeitung durch den Untersuchungsausschuss des Bundestags gezeigt werden soll.

Ein erstes Beispiel ist die intensive Diskussion der Frage, warum es im Gemeinsamen Terrorismusabwehrzentrum zu Beginn des Jahres 2016 zu unterschiedlichen Bewertungen der Gefährlichkeit Anis Amris kam (Deutscher Bundestag 2021, 754 ff.). Während die Vertreter:innen der Polizei NRW Amri als sehr gefährlich einstuften, vertrat das Bundeskriminalamt die Auffassung, dass von Amri keine unmittelbare Gefahr ausginge. Die Annahme liegt nahe, dass diese sich widersprechenden Einschätzungen der Gefährlichkeit Amris die Einstellung der Ermittlungen beeinflussten. Die spätere Analyse wird aber zeigen, dass dies ein Fehlschluss ist. Tatsächlich machten die anfänglichen Konflikte über die Beurteilung Amris keinen gewichtigen Unterschied für die Ermittlungen. Einerseits wurde ohnehin mit invasiven Mitteln gegen Amri ermittelt. Andererseits wurde Amris Gefährlichkeit auf Basis der Ermittlungsergebnisse und des organisationalen Kontextes kontinuierlich neu bewertet. Diese Neubewertung reduzierte die Bedeutung der ursprünglichen Konflikte über die richtige Bewertung Amris erheblich.

Ein zweites Beispiel lässt sich im oben vorgestellten Argument finden, dass die Vielzahl der involvierten Behörden die Ermittlungen im Fall Amri erschwert und zu Reibungsverlusten geführt habe (Deutscher Bundestag 2021, S. 1029 ff.). Auch in dieser Hinsicht zeigt sich bei genauerem Hinsehen, dass die Ermittlungen gegen Amri nicht eingestellt wurden, weil Informationen, die in anderen Behörden vorlagen, nicht an die ermittelnde Berliner Polizei kommuniziert worden wären. Obwohl der Informationsaustausch zwischen den Behörden an vielen Stellen nicht funktionierte, hat dieser Aspekt nur eine begrenzte Erklärungskraft für die Frage, warum die zentralen Berliner Ermittlungen frühzeitig beendet wurden.

In den angeführten Beispielen zeichnen sich mit Blick auf die Annahme, dass allem, was im Kontext terroristischer Anschläge geschieht, ein Erklärungswert für spätere Analysen zukommt, zwei Probleme ab. Das erste Problem besteht darin, dass Erklärungen, die auf dieser Prämisse beruhen, unspezifisch sind, weil sie oft nicht mehr anbieten als eine Aneinanderreihung vermeintlich relevanter Faktoren. Die Ermittlungen scheiterten dann an fehlenden Ressourcen, mangelnder Kooperation, der Ausgestaltung der sogenannten Sicherheitsarchitektur, unzureichenden rechtlichen Befugnissen, individuellen Fehleinschätzungen, Informationsverlusten, usw. Das Verhältnis dieser unterschiedlichen Faktoren zueinander bleibt ebenso offen wie die Klammer, die sie zusammenhält – jenseits der Tatsache, dass bestimmte Beobachter:innen die Dinge eben so sehen.

Das zweite Problem ergibt sich, wenn diese undifferenzierten Erklärungen zur Grundlage werden, um Schlussfolgerungen aus dem Anschlag zu ziehen. So wurde nach dem Anschlag von verschiedenen Seiten eine engere Beziehung zwischen Nachrichtendiensten und Polizei sowie eine stärker zentralisierte Polizei gefordert. Allein mit den polizeilichen Ermittlungen im Vorfeld des Anschlags lassen sich diese Forderungen, die immerhin an den Grundfesten der föderalen Sicherheitsarchitektur rütteln, allerdings kaum begründen. Es erübrigt sich fast, dem hinzuzufügen, dass man sich für Forderungen, die die institutionellen Lehren aus dem Nationalsozialismus aufweichen wollen, mehr Substanz wünschen würde.

Eine Alternative zur Prämisse, dass sämtliche Ereignisse im Vorfeld eines terroristischen Anschlags Relevanz haben, lässt sich in der von Herbert Simon so getauften Hypothese der „leeren Welt" (im Original: Empty World Hypothesis) finden. Diese geht auf einen im Jahr 1962 erschienenen Artikel des späteren Nobelpreisträgers über die Architektur von komplexen und hierarchischen Systemen zurück (Simon 1962). Simon argumentiert in dem Artikel, dass „for a tolerable description of reality only a tiny fraction of all possible interactions needs to be taken into account" (Simon 1962, S. 478). Für eine adäquate Beschreibung ist es vielmehr notwendig, die „aggregative properties" (Simon 1962, S. 478) eines Systems zu betrachten, da diese sein Verhalten bestimmen. Da dies bedeutet, dass viele Elemente vernachlässigt werden können, ist die Welt für Simon leer.

Anders als bei Simon geht es in diesem Buch nicht um die Beschreibung komplexer Systeme, sondern um die Analyse eines konkreten Falls. Für eben diese Analyse sensibilisiert Simons These der leeren Welt aber dafür, dass nicht alle Aspekte des Falls in gleicher Weise relevant sind. Vielmehr geht es darum, die Elemente des Falls herauszuarbeiten, die seine zentrale Dynamik erklären. Diese Einsicht machen sich die weiteren Ausführungen zunutze, indem sie sich auf diejenigen Aspekte konzentrieren, die aus der hier vertretenen organisationssoziologischen Perspektive fest mit der frühzeitigen Einstellung der Ermittlungen gekoppelt sind. Aspekte des Falls, die wie die oben genannten Episoden zwar Abweichungen, Fehler oder

Konflikte darstellen, aber nur lose mit der frühzeitigen Einstellung der Ermittlung gekoppelt sind, finden demgegenüber zwar Erwähnung, werden aber nicht vertiefend analysiert.

Datengrundlage und Struktur

Die Datengrundlage für die Argumentation bilden die Untersuchungsberichte der verschiedenen Untersuchungsausschüsse des Bundes und der Länder. Besonders hervorzuheben sind hier der 2021 veröffentlichte Bericht des Untersuchungsausschusses des Bundes (Deutscher Bundestag 2021) sowie der Bericht des Berliner Sonderbeauftragten, der im Jahr 2017 veröffentlicht wurde (Jost 2017). Die Daten werden jedoch nicht genutzt, um den Fall ermittlerisch aufzuklären. Genutzt werden sie stattdessen, um die vorliegende Aufklärung des Sachverhalts ihrerseits *abzuklären* (Luhmann 1967), indem die Erkenntnisse über den Anschlag aus einer organisationssoziologischen Perspektive analysiert und anschließend eingeordnet werden.

Die Struktur des Buches beruht mit einer Ausnahme auf der Chronologie der Ereignisse. Die Ausnahme ist Kap. 2, das auf das Ende der Ereigniskette vorgreift, indem es den Anschlag und sein Zustandekommen aus Perspektive des Täters rekonstruiert. Ab dem dritten Kapitel wird dem Geschehen dann von Anfang bis zum Ende gefolgt, wobei der Anfang auch den gesellschaftlichen Kontext und Amris erste Monate in Deutschland umfasst. Die Alternative zu dieser chronologischen Darstellung wäre gewesen, verschiedene analytische Aspekte des Falles isoliert zu behandeln. Aufgrund der Komplexität des Geschehens hätte eine solche Struktur jedoch das Verständnis des Gesamtzusammenhangs erschwert.

2

Der Anschlag auf Dem Breitscheidplatz – Oder: Einzeltäter:innen und Kontingenz

Für die spätere Analyse der polizeilichen Ermittlungen wird ein Grundverständnis des Falls benötigt. Ein solches Grundverständnis zu schaffen, ist die Aufgabe dieses Kapitels. Darüber hinaus sprechen zwei wichtige analytische Gründe dafür, sich zunächst – und durchaus etwas kontraintuitiv – in einem Buch über polizeiliche Ermittlungen dem Anschlag selbst zu widmen. Beide Gründe gehen auf den in der Einleitung dargelegten Anspruch zurück, die Ermittlungen in Relation zum Anschlag und damit die Organisation Polizei in Relation zu ihrer Umwelt zu betrachten. Um diesen Anspruch einzulösen, muss – dies ist der erste Grund – erläutert werden, was für eine Form terroristischen Handelns beim Anschlag auf dem Breitscheidplatz sichtbar wird. Darüber hinaus wurde in der Einleitung bereits vorgezeichnet, dass terroristische Anschläge das Resultat kontingenter Ereignisketten sind, die durch Zufälle und sich ergebende Opportunitäten ebenso beeinflusst werden wie durch Handlungen Dritter. Dieses

Kapitel – das ist der zweite Grund – zeigt diese Kontingenz empirisch auf.

Die weiteren Kapitel werden diese beiden Aspekte immer wieder zueinander in Beziehung setzen. Insbesondere geschieht dies im Kap. 8, das sich der Frage widmet, welche Lehren sich aus dem Anschlag insgesamt für die polizeiliche Verhinderung von Anschlägen ziehen lassen und wie das behördliche Handeln vor dem Anschlag zu bewerten ist.

Eine kurze Einordnung

Der Anschlag auf dem Breitscheidplatz ist Teil einer Reihe islamistischer und mit Bezug auf den sogenannten Islamischen Staat (IS) ausgeführter Terroranschläge, die ab 2014 in Europa verübt wurden. Die wissenschaftliche Aufarbeitung nennt als Auftakt dieser Serie meist den Anschlag auf das Jüdische Museum in Brüssel im Jahr 2014 (Schneckener 2019). In der Folge kam es dann unter anderem zu den Anschlägen 2015 in Paris und 2016 in Nizza. Zusätzlich zu diesen großen und organisierten Attacken wurde eine Vielzahl kleinerer Anschläge begangen, sehr oft lokal und mit einfachsten Tatmitteln ausgeführt.

Um den Anschlag auf dem Breitscheidplatz in dieser Reihe terroristischer Angriffe verorten zu können, muss definiert werden, was unter Terrorismus zu verstehen ist. Zudem muss bestimmt werden, welche Akteur:innen terroristische Gewalt ausüben und wie sich diese Akteur:innen unterscheiden. Terrorismus wird in einem fundamentalen Sinn als Strategie definiert, die auf der Prämisse basiert, politische Ziele durch den systematischen Einsatz von Gewalt – und eben nicht durch andere Mittel – durchsetzen zu können (Jones 2012, S. 108). Zugleich ist dieser Gewalteinsatz vorrangig symbolisch, nicht instrumentell. Er dient dazu, „planmäßig vorbereitet" (Waldmann 1998, S. 10) Schrecken zu verbreiten, eigene Anhänger:innen zu mobilisieren und Unentschiedene vom eigenen Anliegen zu überzeugen, um dadurch Fernziele wie den Sturz von Regierungen zu erreichen. Dazu wird oft auf „normless" Gewalt (Bjørgo 2005, S. 261) jenseits moralischer Konventionen zurückgegriffen.

Symbolisch ist terroristische Gewalt, da sie, obgleich sie additiv ein Ziel erreichen soll, primär eine Botschaft vermittelt (Weinhauer und Requate 2012). Diese lautet, dass niemand sicher ist. Gerichtet ist sie an Staaten, deren Sicherheitsversprechen durch terroristische Gewalt als brüchig entlarvt werden soll (Neidhardt 2006). Ihr Medium sind die von der Gewalt betroffenen Menschen, was zugleich bedeutet, dass die individuellen Opfer terroristischer Gewalt nicht gezielt , sondern zufällig ausgewählt werden – auch wenn die Zugehörigkeit zu zugeschriebenen Statusgruppen wie Menschen mit Migrationsgeschichte oder staatlichen Funktionsträger:innen die Auswahl der Opfer auf der Gruppenebene beeinflussen kann. Menschen, die als nicht-weiß gelesen werden, Polizist:innen oder Politiker:innen werden dann als Repräsentant:innen zugeschriebener Gruppen zum Ziel von Anschlägen.

Terroristische Akteur:innen operieren mittels einer „puritanischen Differenz" (Japp 2016). Sie inszenieren sich als Vertreter:innen eines reinen Anliegens, das durch bestimmte Akteur:innen oder Strukturen korrumpiert wird. Aus diesem „Fanatismus des Reinen" leiten sie ebenso eine Handlungsverpflichtung ab wie die Verachtung all derer, die als unrein empfunden werden (Japp 2022, S. 273). Insofern trägt Terrorismus immer religiöse Züge, auch wenn nicht jeder Anschlag sich auf ideologisch überhöhte religiöse Motive bezieht (Japp 2022, S. 272).

Terrorismus als gewaltbasierte Strategie zur Durchsetzung politischer Ziele durch die Verbreitung von Schrecken zu definieren, führt vor die Frage, welche Akteur:innen terroristische Taten verüben. In dieser Hinsicht muss aber zuerst auf einen sprachlichen Fallstrick aufmerksam gemacht werden. Die Rede von Terrorist:innen, die man vielfach in der medialen Berichterstattung antrifft, suggeriert das Bild von Einzelpersonen, Gruppen oder Organisationen, die *ausschließlich* terroristisch handeln. Diese Vorstellung entspricht jedoch nicht der Realität; Terrorismus ist kein Wesensgehalt bestimmter Akteur:innen. Vielmehr handelt es sich um eine bestimmte, nämlich gewaltbasierte, Strategie zur Durchsetzung politischer Ziele, auf die Akteur:innen *neben anderen Strategien* zurückgreifen können, um ihre Ziele zu erreichen (Tilly 2005). Um weiter zu konkretisieren, welche Akteur:innen terroristische Gewalt verüben, werden drei Akteur:innen unterschieden: Organisationen, Gruppen und Einzeltäter:innen. Unter Organisationen werden Systeme verstanden, die Mitgliedschaft formal regeln, über Zwecke verfügen, arbeitsteilig und spezialisiert operieren sowie eine formal abgesicherte Hierarchie haben. Unter Gruppen werden demgegenüber kleinere Zusammenschlüsse von Personen verstanden, deren Mitgliedschaftsbedingungen und gemeinsames Handeln nicht formal abgesichert ist, sondern sich aus Aushandlungsprozessen zwischen den Beteiligten ergibt (dazu klassisch Neidhardt 1982). Als Individuen werden abschließend Personen bezeichnet, deren Handeln nicht Teil eines koordinierten Gruppen- oder Organisationshandelns ist. In den vergangenen Jahren hat sich für Individuen, die terroristische Taten allein begehen (Hoebel 2020), der Begriff der Einzeltäter:innen durchgesetzt. Dieser hat die unpräzisere Rede von „einsamen Wölfen" wissenschaftlich abgelöst, um darauf hinzuweisen, dass diese Täter:innen zwar allein handeln, aber nicht sozial isoliert sind (Schuurman et al. 2019; Malthaner und Hoebel 2020).

Mit Blick auf Einzeltäter:innen lassen sich idealtypisch drei Typen differenzieren: Lone Attackers, Lone Operators und Inspired Loners (Schneckener 2019, S. 458 ff.). *Lone Attackers* begehen ihre Taten allein. Allerdings fließen in die Tatbegehung Unterstützungsleistungen anderer Personen ein, ohne dass diese notwendigerweise über die Anschlagspläne im Bilde sein müssen. Hierbei kann es sich ebenso um das Zur-Verfügung-Stellen einer Wohnung handeln wie um das Besorgen von Waffen oder das Leihen eines Autos. Bei denjenigen, die auf diese Weise Unterstützung leisten, kann es sich durchaus um Mitglieder von Gruppen bzw. Organisationen handeln, denen auch der Lone Attacker angehört. Entscheidend ist jedoch, dass die Tatbegehung allein erfolgt. *Lone Operators* wiederum agieren weitestgehend unabhängig von organisierten Strukturen. Sie legen jedoch Wert darauf, dass ihre Taten von einer für sie relevanten Bezugsgruppe bzw. Organisation als legitim anerkannt werden. Dabei können sie von der für sie relevanten Gruppe bzw. Organisation auch ideologische und technische Unterstützung erfahren. Wie später gezeigt wird, lässt sich Amri diesem Typus von Einzeltäter:innen zuordnen. Den Abschluss dieser Typologie bilden sogenannte *Inspired Loners*. Hierbei handelt es sich um Personen, die durch Propagandaerzeugnisse dazu inspiriert werden, Anschläge zu begehen, jedoch keinen Kontakt zu terroristischen Gruppen bzw. Organisationen haben.

Nachdem bis zu diesem Punkt die Akteur:innen beschrieben wurden, die Anschläge begehen, steht nun ein weiterer wichtiger Aspekt im Mittelpunkt des Interesses: die Komplexität der Tatausführung respektive der verwendeten Tatmittel. Unterscheiden lassen sich in dieser Hinsicht einerseits Taten, die dem sogenannten Low-Tech-Terrorismus zuzurechnen sind (Hoffman 2014), da sie mit einfachen Mitteln und ohne komplexe Vorbereitungen begangen werden, und andererseits Taten, die durch aufwendige Planungen und anspruchsvolle Tatmittel charakterisiert sind.

Die Kreuztabelle vereint die beiden relevanten Unterscheidungen (diejenige zwischen den Akteur:innen – Organisation, Gruppe und Einzeltäter:in – auf der einen und diejenige zwischen niedriger und hoher Tatkomplexität auf der anderen Seite) und ordnet den Anschlag vom Breitscheidplatz entsprechend ein:

Wie man in Tab. 2.1 sieht, ist der Anschlag in der Matrix rechts unten verortet. Der Anschlag stellt also die Tat eines Einzeltäters, der seine Tat mit einfachen Mitteln ausgeführt hat.

Bevor die Bedeutung dieser Tatausführung für die Ermittlungen adressiert wird, soll der Anschlag rekonstruiert werden.

Erste Planungen

Um die Jahreswende 2015/2016 lernte der sich seit Juni 2015 in der Bundesrepublik aufhaltende Anis Amri Clement B. und Magomed-Ali C. kennen. Der Ort, an dem sich die drei begegneten, war wahrscheinlich die Fussilet-Moschee in der Perleberger Straße in Berlin-Moabit (Deutscher Bundestag 2021, S. 445). Amri, der zuvor bereits in

Tab. 2.1 Akteur*innen und Tatkomplexität. (Quelle: eigene Darstellung)

		Akteure		
		Organisation	Gruppe	Einzeltäter:in
Tatkomplexität	Hoch			
	Niedrig			Breitscheidplatz

Nordrhein-Westfalen auffällig geworden war, weil er offensiv um Personen zur Begehung eines Anschlags warb (siehe Kap. 3), fand in Clement B. und Magomed-Ali C. zwei Personen, die seinen Plänen gegenüber offen waren. Anfang 2016 dann, so legte es die Generalbundesanwaltschaft in der späteren Anklageerhebung gegen Magomed-Ali C. dar, trafen sich die drei im Gesundbrunnen-Center in Berlin, um den Ort als mögliches Anschlagsziel auszuspähen (Deutscher Bundestag 2021, S. 155 f.). Kurz zuvor hatte Amri ein IS-Mitglied namens Achref A. mittels Chat-Nachricht um Geld gebeten, um „Dugma" kaufen zu können. Dugma übersetzten die Ermittler:innen als Chiffre für Sprengstoff. Anfang Februar wandte sich Amri erneut an Achref A. und fragte ihn nach Kontaktpersonen, die ihm dabei behilflich sein könnten, einen Selbstmordanschlag in der Bundesrepublik durchzuführen (Deutscher Bundestag 2021, S. 476 ff.).

Betäubungsmittel

Im Februar und März 2016 trennten sich die Wege von Amri, Clement B. und Magomed-Ali C. (Deutscher Bundestag 2021, S. 445). Einer der Gründe dafür war, dass Amri am 18. Februar am Berliner Omnibusbahnhof einer offenen polizeilichen Kontrolle unterzogen wurde (Deutscher Bundestag 2021, S. 318 f.). Der Ablauf, der zu dieser Kontrolle führte, lässt sich wie folgt rekonstruieren: Nachdem Amri am Morgen des 18. Februar in Nordrhein-Westfalen in einen Flixbus nach Hannover gestiegen war, informierte das zuständige Landeskriminalamt (LKA) NRW das LKA Niedersachsen. Da die Ermittler:innen jedoch erwarteten, dass Amri in Hannover lediglich einen Bus nach Berlin nehmen würde, informierten sie auch das LKA Berlin. Amri war zu diesem Zeitpunkt infolge einer Besprechung im Gemeinsamen Terrorismusabwehrzentrum

(GTAZ) zur Fahndung ausgeschrieben. Versehen war diese Ausschreibung mit dem Hinweis, dass eine „intensive Kontrolle der Person, mitgeführter Gegenstände und Begleiter, Feststellung der Reiseroute" vorgenommen werden solle (Deutscher Bundestag 2021, S. 598). Als die Berliner Polizei im Verlauf des Morgens die Information erhielt, dass Amri gegen 12 Uhr in Berlin eintreffen werde, entschied das LKA Berlin, ihn offen zu kontrollieren. Die offene Kontrolle erfolgte gegen den expliziten Wunsch des LKA NRW, Amri durch sogenannte Mobile Einsatzkräfte observieren zu lassen. Diesem Wunsch konnte die Berliner Polizei jedoch mangels einsatzbereiter Observationskräfte nicht nachkommen. Im Zuge der folgenden offenen Kontrolle beschlagnahmten die Beamt:innen Amris Mobiltelefon, um seine Kontakte nachvollziehen zu können. Dieses Vorgehen war aus Sicht der Polizei geboten, da Amri tags zuvor von der Polizei NRW als sogenannter Gefährder und damit als Person eingestuft worden war, bei der „bestimmte Tatsachen die Annahme rechtfertigen, dass sie politisch motivierte Straftaten von erheblicher Bedeutung […] begehen wird" (Bundeskriminalamt 2024). Ungeachtet dessen war sowohl Amri als auch seinem Umfeld nach dieser Kontrolle bekannt, dass die Polizei ihn überwachte.

Nach der Kontrolle kühlte sich Amris Interesse an der Durchführung eines Anschlags merklich ab. Auch der Kontakt zu Clement B. und Magomed-Ali C. brach ab. Obwohl er weiterhin Kontakt zu Islamist:innen und auch Angehörigen des IS hatte, scheint sich sein Aufmerksamkeitsfokus in der Folge verschoben zu haben. So zeigen die späteren Ermittlungen (Deutscher Bundestag 2021, S. 155), dass Amri verstärkt mit Drogen handelte und diese auch konsumierte (siehe dazu auch die Kap. 5, 6 und 7). Auch äußerte er immer wieder den Wunsch, Deutschland zu verlassen. Im Juli 2016 schließlich nahmen diese Ausreisepläne konkrete Formen an, als Amri versuchte,

2 Der Anschlag auf dem Breitscheidplatz – oder: ...

über Friedrichshafen in die Schweiz auszureisen. Amris Ausreiseversuch hatte dabei jenseits seiner grundsätzlichen Überlegungen, Deutschland zu verlassen, auch einen konkreten Anlass: Am 11. Juli 2016 war es in einer Shisha-Bar in Berlin-Neukölln zu einer gewalttätigen Auseinandersetzung zwischen zwei rivalisierenden Gruppen aus dem Bereich der Betäubungsmittelkriminalität gekommen, an der auch Amri beteiligt war (Deutscher Bundestag 2021, S. 322). Als die beiden Gruppen aufeinander losgingen, schlug Amri mit einem Gummihammer um sich. Aus Angst vor Strafverfolgung versuchte er daraufhin, die Bundesrepublik zu verlassen. Seine Fahrt mit dem Fernbus nach Zürich endete jedoch in Friedrichshafen, als Beamt:innen der Bundespolizei, die darüber informiert worden waren, dass Amri sich der Grenze näherte, ihn festsetzten. Anschließend verhängte die Bundespolizei eine Ausreiseuntersagung gegen Amri für seine Weiterreise ins europäische Ausland und verbrachte ihn in die Justizvollzugsanstalt Ravensburg. Da Amri seit Juni 2016 ausreisepflichtig war, waren die Behörden bemüht, ihn in Abschiebehaft zu nehmen. Diese Bemühungen scheiterten jedoch daran, dass Tunesien Amri nicht als Staatsangehörigen anerkannte. Die fehlende Anerkennung hatte zur Folge, dass eine Abschiebehaft nicht möglich war, da keine Aussicht bestand, Amri innerhalb der gesetzlich vorgeschriebenen Frist von drei Monaten nach Inhaftnahme abzuschieben (Deutscher Bundestag 2021, 824 f.). In der Konsequenz wurde Amri am 1. August aus der Haft entlassen.

Konkrete Planungen

Die Phase zwischen August und Oktober 2016 ist der Zeitraum im Vorfeld des Anschlags, über den am wenigsten bekannt ist. Sicher ist jedoch, dass der Kontakt zwischen Amri und Magomed-Ali C. und Clement B. wieder auflebte, nachdem für Amri der Weg verstellt war, die Bundesrepublik zu verlassen. Spätestens ab Oktober, so die Rekonstruktion des Bundeskriminalamts (BKA), verfestigte sich Amris Entschluss, einen Anschlag in der Bundesrepublik zu begehen. Mutmaßlich waren Clement B. und Magomed-Ali C. in diesen Anschlagsplan eingeweiht, womöglich planten sie sogar, den Anschlag gemeinsam auszuführen. Der Plan sah vor, Sprengstoff – genauer: Triacetontriperoxid (TATP) – zu verwenden. Hergestellt bzw. angeschafft wurde dieser Sprengstoff „unter Einbeziehung Amris" durch Clement B. und Magomed-Ali C. (Deutscher Bundestag 2021, S. 156). Gelagert war er in der Wohnung von Magomed-Ali C. im Pöllnitzweg in Berlin-Buch (Deutscher Bundestag 2021, S. 445).

Da Magomed-Ali C. von der Berliner Polizei als Gefährder eingestuft worden war und diese Einstufung routinemäßig Kontrollen nach sich zog, observierten Beamt:innen des LKA am 25. und 26. Oktober 2016 seine Wohnung, ohne dabei etwas von den Anschlagsplänen und dem sich in der Wohnung befindenden Sprengstoff zu ahnen (Deutscher Bundestag 2021, S. 445). Während der Observation beobachteten die Beamt:innen, wie C. in Begleitung einer zweiten Person in seine Wohnung zurückkehrte. Bei dieser handelte es sich um Clement B., was den Polizist:innen zu diesem Zeitpunkt noch nicht bekannt war. In der Hoffnung, auf diese Weise die Identität der zweiten Person feststellen zu können, entschieden sich die Beamt:innen für eine Gefährderansprache C.s an seiner Wohnungstür. Um unerkannt zu bleiben, floh B. jedoch während des Gesprächs zwischen C. und den Polizist:innen über den Balkon aus der Wohnung und setzte sich nach Belgien ab (Deutscher Bundestag 2021, S. 156).

Tatentschluss

Ob Amri tatsächlich erwog, gemeinsam mit B. und C. einen Sprengstoffanschlag zu begehen, oder ob es sich um einen unkonkreten Austausch über die Möglichkeit handelte, dies zu tun, lässt sich nicht mehr rekonstruieren. Eine grundsätzliche Bereitschaft der beiden zur Begehung eines Anschlags lässt sich jedoch plausibel annehmen. So standen C. und B. mutmaßlich mit dem Umfeld der islamistischen Zelle in Kontakt, die später die Anschläge von Paris vorbereitete (Deutscher Bundestag 2021, S. 453). Insofern ist es wahrscheinlich, dass sich durch die Observation der Wohnung im Pöllnitzweg und die Gefährderansprache *aus Überlegungen zu einer gemeinsamen Tatbegehung zwei separate Anschlagspfade entwickelten* (Deutscher Bundestag 2021, S. 451). Während Clement B. nach seiner Flucht einen Anschlag in Frankreich plante, bei dessen Vorbereitung er im April 2017 festgenommen wurde (Deutscher Bundestag 2021, S. 451), verfolgte Amri eigene Pläne für Berlin weiter. Allem Anschein nach waren diese Pläne inspiriert von dem Attentat in Nizza am französischen Nationalfeiertag 2016, bei dem ein islamistischer Attentäter 86 Menschen tötete, indem er mit einem Lkw durch eine Menschenmenge fuhr. Amri war offenbar fasziniert von diesem Anschlag (Deutscher Bundestag 2021, S. 450). Ab Oktober kundschaftete er daher mögliche Plätze als Anschlagsziele in Berlin aus.

Anhand der Geo-Daten seines Mobiltelefons rekonstruierte das BKA später, dass Amri ab Oktober 2016 häufiger den Alexanderplatz, den Breitscheidplatz und den Platz um den Berliner Dom aufsuchte (Deutscher Bundestag 2021, 159 ff.). Spätestens am 31. Oktober, also nur wenige Tage nach der Flucht von Clement B., schien die Entscheidung für einen Anschlag auf den Breitscheidplatz gefallen zu sein (Deutscher Bundestag 2021, S. 162). An diesem Tag begann Amri, konkrete Maßnahmen für die Umsetzung des Anschlags zu ergreifen. Dazu gehörte, dass er noch am 31. Oktober oder am 1. November ein Video von sich selbst auf der Kieler Brücke in der Nähe des Berliner Nordhafens aufnahm, in dem er zwar keine konkreten Taten ankündigte, dem IS aber seine Treue schwor. Das Video veröffentlichte der IS am 23. Dezember 2016 (Deutscher Bundestag 2021, S. 121 f.).

Ab dem 9. November kundschaftete Amri ausweislich seiner Handydaten den Breitscheidplatz für sein Vorhaben aus (Deutscher Bundestag 2021, S. 160). Es ist möglich, dass Amri zu diesem Zeitpunkt seine Anschlagspläne mit größerer Dringlichkeit verfolgte, weil einige Mitglieder des Islamkreises Hildesheim, zu denen Amri Kontakt hatte (siehe Kap. 4), kurz zuvor verhaftet worden waren (Deutscher Bundestag 2021, S. 476). Ob deren Verhaftung tatsächlich tatbeschleunigend war, ist allerdings nicht abschließend zu klären. In jedem Fall besuchte Amri ab dem 26. November 2016 und damit einen Tag, bevor der Weihnachtsmarkt auf dem Breitscheidplatz eröffnete, regelmäßig das Friedrich-Krause-Ufer in der Nähe des Berliner Westhafens.

Kurz zuvor, am 10. November 2016, hatte er über seinen Mentor des IS, Moadh T., der über Amris Anschlagsplanungen im Bilde war, eine Handreichung bekommen, die den sperrigen Titel „Die frohe Botschaft zur Rechtleitung für diejenigen, die Märtyreroperationen durchführen" trug (Deutscher Bundestag 2021, S. 475). Einiges spricht dafür, dass der Kontakt zu diesem Mentor, der Amri gegenüber unter dem Alias @MOUMOU1 auftrat, mit der Übersendung dieser Schrift zustande kam (Deutscher Bundestag 2021, S. 457 f.). Vermittelt wurde er über einen der Kontakte, die Amri spätestens seit Beginn des Jahres 2016 zu Mitgliedern des IS geknüpft hatte (Deutscher Bundestag 2021, S. 475). Die von Moadh T. zugesandte Handreichung sollte dazu dienen, Amri in seiner Motivation zur Tatbegehung zu bestätigen und zu stabilisieren. Es wird deutlich, dass Amri im Sinne der weiter oben eingeführten Typologie in der Tat als Lone Operator eingeordnet werden muss; er begeht die Tat allein und nicht direkt durch den IS kontrolliert, hat aber Mitwisser:innen und wird ideologisch bei seiner Tat unterstützt.

Um seine Pläne nicht zu gefährden, verhielt sich Amri ab November 2016 zunehmend konspirativer. Er löschte öfter Chatverläufe und verzichtete ab Dezember 2016 komplett auf die Nutzung des Facebook Messengers, den er zuvor verwendet hatte (Deutscher Bundestag 2021, S. 159).

Abklinken

Das BKA schlussfolgerte später, dass Anis Amri ab dem 28. November 2016 fast täglich das Industriegebiet rund um den Westhafen im Berliner Stadtteil Moabit frequentierte. In seinem Fokus standen insbesondere drei Straßen: das auf den Berliner Nordhafen zulaufende und parallel zur Spree verlaufende Friedrich-Krause-Ufer, die südlich parallel dazu verlaufende Ellen-Epstein-Straße sowie die gleichfalls parallel dazu verlaufende und etwas weiter südlich liegende Quitzowstraße. Um in das Gebiet zu kommen, nahm Amri die S-Bahn zum nahegelegenen Westhafen oder kam zu Fuß über die weiter im südlichen Moabit gelegene Stromstraße. Seine Touren führten ihn zugleich selten nur ausschließlich zum Industriegebiet am Westhafen. Oft besuchte er im Anschluss auch den Breitscheidplatz (Deutscher Bundestag 2021, S. 162 f.).

Das Industriegebiet am Westhafen war für Amri attraktiv, weil aufgrund der ansässigen Industrie regelmäßig

Lkws in den Straßen vor den Firmengeländen abgestellt waren. Bekannt war ihm das Areal wahrscheinlich, da die von ihm oft aufgesuchte Fussilet-Moschee in der zu Fuß nur wenige Minuten entfernten Perleberger Straße lag. Amri suchte also an Orten nach geeigneten Anschlagsmitteln, die ihm aus seinem Alltag bekannt waren.

Die zufällige Nähe des Industriegebiets zur Moschee als seinem Anlaufpunkt entlastete ihn davon, im restlichen Stadtgebiet nach einem Ort zu suchen, an dem er einen Lkw hätte stehlen können. Erschwert wurde seine Suche jedoch dadurch, dass sich moderne Lkws nicht einfach kurzschließen lassen (Deutscher Bundestag 2021, S. 162). Amri musste also einen Lkw mit Fahrer:in finden, um an den Schlüssel für das Fahrzeug zu gelangen.

Der eingeschränkte Suchraum Amris in Kombination mit der Notwendigkeit, einen Lkw mit Fahrer:in finden zu müssen, sorgten dafür, dass seine Suche wochenlang erfolglos blieb. Für Amris mutmaßlich im Oktober 2016 gefassten Plan, ähnlich dem Anschlag in Nizza einen Anschlag mit einem Fahrzeug auf dem Weihnachtsmarkt auf dem Breitscheidplatz zu begehen, bedeutete dies, dass sich das Zeitfenster schloss. Geöffnet hatte es sich ohnehin erst am 27. November, dem Tag als der Weihnachtsmarkt am Breitscheidplatz eröffnet wurde (Deutscher Bundestag 2021, S. 162). Sieht man von den beiden Tagen ab, an denen Amri nicht nach einem Lkw suchte, ergibt sich das Bild einer weitestgehend erfolglosen Suche, die letztlich nur durch einen Zufall das gewünschte Ergebnis erbrachte. An dieser Stelle zeigt sich ein typisches Merkmal von Einzeltäter:innen: Da sie oft nur geringe Ressourcen mobilisieren können, sind sie auf begünstigende Umstände angewiesen, die sie selbst nicht beeinflussen können. Insofern haben sie anders als Gruppen oder Organisationen, die über mehr Ressourcen verfügen, weniger Kontrolle über den Anschlag, den sie begehen möchten.

2 Der Anschlag auf dem Breitscheidplatz – oder: …

Der erfolgreiche Abschluss seiner Suche stellte sich für Amri am 19. Dezember ein. Nachdem er sich nachmittags mit zwei Bekannten auf dem Parkplatz eines Möbelhauses in Berlin-Wedding getroffen hatte, trennten sich ihre Wege am U-Bahnhof Hermannstraße. Ob die beiden Bekannten von Amris Plänen wussten, bleibt unbekannt; vermutlich waren sie jedoch nicht darüber im Bilde (Deutscher Bundestag 2021, S. 164).

Amri fuhr vom U-Bahnhof Hermannstraße zum S+U-Bahnhof Westhafen, wo er gegen 18 Uhr eintraf, um einen seiner Erkundungsgänge am Friedrich-Krause-Ufer zu unternehmen (Deutscher Bundestag 2021, S. 164). Dieser führte ihn über die Pulitzerbrücke zum Friedrich-Krause-Ufer, das er bis zum Torfstraßensteg abging. Auf Hin- und Rückweg ging Amri an einem polnischen Scania-Lkw vorbei, der gegenüber dem Werksgelände von Thyssen-Krupp abgestellt war. Beim Passieren des Lkws bemerkte Amri, dass sich der Fahrer im Fahrzeug befand. Dieser sollte eigentlich erst am 20. Dezember in Berlin eintreffen, kam jedoch bereits einen Tag früher an. Da die geladenen Stahlträger nicht vorzeitig entladen werden konnten, beschloss der Fahrer, die Nacht im Fahrzeug zu verbringen (Deutscher Bundestag 2021, S. 166). Das BKA ging später davon aus, dass der Lkw-Fahrer selbst nicht wissen konnte, dass er am 19. Dezember zu dieser Zeit am Friedrich-Krause-Ufer sein würde (Deutscher Bundestag 2021, S. 166). Für Amri bedeutete die zufällige Anwesenheit des Lkws, dass die begünstigenden Umstände, auf die er für seine Tatausführung angewiesen war, nun eingetreten waren.

Nach der Entdeckung des Lkws ging Amri vom Friedrich-Krause-Ufer zur Fussilet-Moschee in der nahegelegenen Perleberger Straße. Er blieb dort von 18:37 bis 19:06 Uhr. Was genau er in der Moschee machte, bleibt unklar. Da der Eingangsbereich der Moschee von der

Überwachungskamera einer gegenüberliegenden Polizeistation gefilmt wurde, ist aber sicher, dass Amri sie kurz nach 19 Uhr wieder verlassen hat. Die Aufnahmen zeigen interessanterweise, dass er keinen Rucksack bei sich trug. Dies lässt sich als Hinweis darauf lesen, dass er nicht darauf vorbereitet war, nach seiner Tat zu fliehen – mutmaßlich, weil er davon ausging, den Anschlag nicht zu überleben (Deutscher Bundestag 2021, S. 165).

Nach Verlassen der Fussilet-Moschee machte sich Amri wieder auf den Weg zum Friedrich-Krause-Ufer. Kurz vor seinem Eintreffen um 19:15 Uhr schickte er eine Nachricht an Moadh T., in der er diesen darum bat, mit ihm im Kontakt zu bleiben. Zwei Minuten später antwortete Moadh T.: „So Gott will" (Deutscher Bundestag 2021, S. 165). Kurz darauf traf Amri im Bereich um den geparkten Lkw ein, erschoss den Fahrer und bemächtigte sich des Fahrzeugs. Das mit einem Automatikgetriebe ausgestattete Fahrzeug war mit Pkw-Fahrkenntnissen zu bewegen, erforderte also kein tiefergehendes Wissen (Deutscher Bundestag 2021, S. 169).

Der Anschlag

Ab kurz nach 19:30 Uhr fuhr Amri mit dem Lkw in Richtung Breitscheidplatz. Um zu gewährleisten, dass er sich im Ziel seiner Fahrt nicht irrte, hatte er sich zuvor einen Zettel angefertigt, auf dem „HARDENBERGSTRB" stand. Gemeint war die zum Breitscheidplatz führende Hardenbergstraße, die er in der Folge ansteuerte (Deutscher Bundestag 2021, S. 167). Kurz nach Beginn der Fahrt schickte Amri weitere Nachrichten an Moadh T., die unter anderem ein Bild aus der Fahrerkabine umfassten und eine Sprachnachricht mit dem Inhalt: „Allah ist groß, Bruder, Allah ist groß" (Deutscher Bundestag 2021, S. 168).

An seinem Ziel angekommen, lenkte Amri den Sattelschlepper aus der Kantstraße, die parallel zur Hardenbergstraße verläuft, auf den gut besuchten Weihnachtsmarkt auf dem Breitscheidplatz. Nach circa 60 bis 80 m kam der Lkw um ziemlich exakt 20:00 Uhr auf der Budapester Straße zum Stehen (Deutscher Bundestag 2021, S. 169). Durch die Lkw-Fahrt durch die Menschenmenge starben 11 Menschen, 170 weitere wurden zum Teil schwer verletzt. Ein Ersthelfer starb zudem im Jahr 2021 an den Spätfolgen des Anschlags. Inklusive des von ihm erschossenen Lkw-Fahrers kostete Amris Tat 13 Menschen das Leben.

Zwischenfazit

Dieses Kapitel hat zwei zentrale Erkenntnisse hervorgebracht. Erstens wurde gezeigt, dass es sich bei dem Anschlag auf dem Breitscheidplatz um die Tat eines sogenannten Einzeltäters handelte und insofern nicht um die Tat einer Gruppe oder Organisation, die sich terroristischer Mittel bedient. Die Schilderung des Anschlags hat zudem gezeigt, dass der Anschlag mit einfachen Tatmitteln durchgeführt wurde.

Zweitens wurde rekonstruiert, dass Planung und Begehung des Anschlags durch hohe Kontingenz gekennzeichnet waren. Amri setzte keinen von langer Hand geplanten Anschlag ins Werk, sondern wurde in vielerlei Hinsicht von Ereignissen beeinflusst, insbesondere dem Handeln der Sicherheitsbehörden, die weit außerhalb seiner Kontrolle lagen – und an einigen Stellen noch nicht einmal einen Bezug zu ihm hatten. Letzteres gilt zum Beispiel für die polizeiliche Kontrolle im Pöllnitzweg, die in Unkenntnis des Verhältnisses zwischen Magomed-Ali C., Clement B. und Amri stattfand, deren Überlegungen aber maßgeblich störte. Zu nennen ist aber auch die polizeiliche Kontrolle im Februar 2016, die dazu beitrug, dass sich die Planungen für einen möglichen Anschlag auf das Gesundbrunnen-Center verliefen, und in deren Folge der Kontakt zwischen Amri, Magomed-Ali C. und Clement B. abgebrochen wurde. Der profundeste Ausdruck dieser Kontingenz ist jedoch sicherlich, dass Amri keine Kontrolle darüber hatte, ob und wann er das von ihm erwählte Tatmittel – einen Lkw – in seine Gewalt würde bringen können. Zusammengefasst ist festzuhalten, dass die konkrete Form eines Anschlags mittels eines Lkws sich für Amri aus einer für ihn nicht kontrollierbaren Ereigniskette ergab. Die tatsächliche Tatdurchführung war durch hohe Kontingenz gekennzeichnet.

3

Der Islamische Staat und die Fluchtmigration – Oder: Ankunft in der Bundesrepublik

Um sich den polizeilichen Ermittlungen gegen Amri zu nähern, muss man den gesellschaftlichen Kontext berücksichtigen, in dem die Ermittlungen stattfanden, weil dieser die Arbeit der Behörden beeinflusste. Insofern interessiert der gesellschaftliche Kontext nicht als solcher, sondern in *seinen organisationalen Auswirkungen*. In dieser Hinsicht müssen vor allem zwei Entwicklungen in den Blick genommen werden: die Fluchtmigration des Jahres 2015 und der Strategiewechsel des IS.

Fluchtmigration des Jahres 2015 – oder: Terrorismus und Migration

Im Jahr 2015 stieg die Zahl der Menschen, die in der Bundesrepublik Asyl suchten, stark an. Maßgeblich für diesen Anstieg war der Bürgerkrieg in Syrien, der viele Menschen zur Flucht zwang. Wichtige Zielländer dieser

Fluchtmigration waren Deutschland und Schweden (Hanewinkel 2015). Die Konsequenz war, dass die Zahl der Menschen, die in Deutschland Asyl suchten, sprunghaft anstieg. Suchten zwischen 2003 und 2013 jährlich circa 34.000 Menschen Asyl in Deutschland, stieg diese Zahl 2014 auf insgesamt 173.000 Menschen an (Herbert und Schönhagen 2020, S. 27). Diese Zahl erhöhte sich nochmals, als der ungarische Ministerpräsident Viktor Orbán im Sommer 2015 ankündigte, sein Land könne keine Flüchtenden mehr aufnehmen. Zugleich erklärte er sich jedoch bereit, die Menschen an die österreichische und deutsche Grenze zu bringen, sollten sich die beiden Regierungen bereit erklären, die Geflüchteten aufzunehmen. Diese Bereitschaft tat die deutsche Bundeskanzlerin Angela Merkel kurz darauf kund. Vielen Beobachter:innen gilt diese Entscheidung als „Auslöser jener Entwicklung, durch die bis zum Sommer 2016 insgesamt etwa 1,4 Mio. Flüchtlinge nach Deutschland einreisten" (Herbert und Schönhagen 2020, S. 28).

Für die mit Migrationsangelegenheiten befassten Verwaltungsbehörden führte die Fluchtmigration des Jahres 2015 zu einer krisenhaften Situation: Sie mussten sprunghaft mehr Fälle bearbeiten als zuvor, während diese Mehrbelastung nicht durch zusätzliche Ressourcen kompensiert wurde. Dies äußerte sich zum Beispiel darin, dass die Zahl der im System zur Erstverwaltung von Asylsuchenden (EASY) erfassten Personen die der beim Bundesamt für Migration und Flüchtlinge (BAMF) registrierten Asylanträge deutlich überstieg, da die Behörde mit der Bearbeitung der Anträge nicht mehr hinterherkam. So waren bis zum 31. Juli 2015 309.000 Personen in EASY als asylsuchend registriert, das BAMF hatte zum gleichen Zeitpunkt jedoch erst 218.000 Asylanträge verzeichnet (Hanewinkel 2015). Eine Studie aus dem Jahr 2021 zeigt, dass die Verwaltungen unterschiedlich mit diesen Anforderungen umgingen. So konnten sich einige Behörden durch die Einbindung zivilgesellschaftlicher Akteur:innen wie auch durch das Unterlaufen formal-bürokratischer Vorgaben besser an die gestiegenen Belastungen anpassen als andere (Eckhard et al. 2021). Im Ganzen aber war die Verwaltungslandschaft im Jahr 2015 durch eine Überforderung charakterisiert, die aus dem plötzlichen Anstieg der zu bearbeitenden Fälle resultierte.

Für die Situation in den Sicherheitsbehörden war allerdings nicht allein die Fluchtmigration ausschlaggebend. Vielmehr kam für sie mit dem Islamischen Staat ein zweiter Faktor hinzu.

Terrorismus und Migration – oder: der Strategiewechsel des Islamischen Staates

Nach dem Anschlag vom Breitscheidplatz war es ein verbreitetes Urteil, dass, wie der Politikwissenschaftler Florian Hartleb schrieb, die „unkontrollierte Einwanderung unter dem Deckmantel der Willkommenskultur […] sicherheitspolitisch unverantwortlich war" (Hartleb 2018, S. 181). Wissenschaftlich betrachtet, lässt sich der hier suggerierte Zusammenhang von Terrorismus und Migration jedoch nicht belegen. Eine Studie aus dem Jahr 2022 demonstriert, dass Migrationsbewegungen nicht mehr als einen Skaleneffekt auf die Häufigkeit terroristischer Anschläge haben (Helbling und Meierrieks 2022). Gemeint ist, dass durch Migrationsbewegungen die Zahl von Menschen in einem bestimmten Land steigt und dadurch auch der Pool an Menschen größer wird, aus dem sich Personen für terroristische Zwecke rekrutieren lassen. Migration ist folglich kein „trojan horse" für Terrorismus – nicht zuletzt deshalb, weil es gerade auch Geflüchtete sind, die sich extremistischer Gewalt ausgesetzt sehen (Helbling und Meierrieks 2022, S. 991).

Während Migration also keineswegs zu Terrorismus führt, wurde die Fluchtmigration nach Europa von einer zweiten Entwicklung flankiert: dem Strategiewechsel des Islamischen Staats (IS). Durch die Eroberung von Regionen im Irak und in Syrien hatte der IS am Ende des Jahres 2014 ein Gebiet von 41.000 Quadratkilometern unter seiner Kontrolle, das er als Kalifat titulierte. Dieses Gebiet schrumpfte in den Monaten und Jahren danach aufgrund militärischer Interventionen jedoch kontinuierlich. Der IS reagierte auf diese territorialen Verluste mit einem Strategiewechsel. Er bemühte sich fortan nicht mehr vorrangig darum, neue Kämpfer:innen für den militärischen Konflikt zu rekrutieren, sondern versuchte vielmehr Personen zu gewinnen, die in seinem Namen Anschläge durchführten. Diese sollten einerseits die politische Entschlossenheit der Länder unterminieren, die sich gegen den IS engagierten, zielten aber auch darauf ab, gesellschaftliche Spaltungen herbeizuführen. Die Hoffnung des IS war es, dass terroristische Anschläge zu antimuslimischen Ressentiments führen würden, die er ausnutzen könnte, um neue Mitglieder zu rekrutieren. Vor diesem Hintergrund rief der IS zu Anschlägen in Ländern auf, die militärisch gegen ihn vorgingen (Piazza und Soules 2021, S. 134). Dadurch gerieten europäische Staaten, insbesondere Frankreich, ins Visier des IS.

Für die Durchführung der Anschläge versuchte der IS besonders Kleingruppen oder Einzeltäter:innen zu gewinnen. Die Rationalität hinter dieser Rekrutierungsstrategie beschrieb der IS in seinem englischsprachigen Publikationsorgan wie folgt: „[t]he smaller the numbers of those involved and the less the discussion beforehand, the more likely it will be carried out without problems" (zitiert in Ellis 2016, S. 41). Daher empfahl der IS: „One should not complicate the attacks by involving other parties, purchasing complex materials, or communicating with weak-hearted individuals" (erneut: zitiert bei Ellis 2016, S. 41). Stattdessen legte er seiner Anhängerschaft nahe, Anschläge mit einfachen Tatmitteln durchzuführen, unter anderem mit Messern oder Fahrzeugen. Der IS rief folglich im Sinne der obigen Differenzierung zu Low-Tech-Anschlägen durch Einzeltäter:innen auf (siehe Kap. 2). Forschungen zeigen, dass diese Aufrufe mit zunehmenden Gebietsverlusten des IS zu extremeren Anschlagsformen führten und sich die Taten vermehrt gegen Zivilist:innen richteten (Piazza und Soules 2021, S. 134). Zugleich handelte es sich bei den Täter:innen nicht um Personen, die unter direkter Kontrolle des IS standen. Dessen Strategie zielte vielmehr darauf ab, Sympathisant:innen dafür zu gewinnen, im Namen des IS Anschläge zu begehen, und sie motivational oder materiell, teilweise aber auch nur inspirierend zu unterstützen. In den Worten eines Terrorismusforschers „coachte" der IS Personen, die bereit waren, für ihn Anschläge zu begehen; kontrollieren tat er sie hingegen nicht (Schneckener 2019, S. 459). Dieses Muster findet sich bei vielen islamistisch motivierten Anschlägen der 2010er Jahre; so auch, wie oben aufgezeigt, beim Anschlag vom Breitscheidplatz, den Amri nicht im Auftrag des IS durchführte, für den er wohl aber motivationale Unterstützung seitens des IS erfuhr.

Risikowahrnehmung der Polizei und polizeilicher Action Bias

Die Fluchtmigration des Jahres 2015 führte in Kombination mit dem Strategiewechsel des IS zu einer hohen Sensibilität der Sicherheitsbehörden für terroristische Bedrohungen. Zu dieser Sensibilität trug maßgeblich bei, dass mit dem IS zusammenhängende Anschläge in Europa ab

2014 keine abstrakte Gefahr mehr darstellten, sondern gesellschaftliche Realität wurden: Wie oben gesehen, beginnen verschiedene Akteur:innen – beginnend in Brüssel – zu diesem Zeitpunkt terroristische Anschläge in Europa.

Der Verfassungsschutzbericht für das Jahr 2015 gab dieser Bedrohungswahrnehmung Ausdruck. Der Bericht notierte, dass das „militärische Engagement in Syrien und dem Irak" ein „hinreichendes Argument für den IS" darstellt, um Gewalt in Deutschland auszuüben (Bundesministerium des Inneren 2016, S. 151). Weiter führte der Bericht aus, dass „angesichts der anhaltenden Zuwanderungsbewegungen nach Deutschland [davon auszugehen ist], dass sich unter den Flüchtlingen auch aktive und ehemalige Mitglieder, Unterstützer und Sympathisanten terroristischer Organisationen sowie Einzelpersonen mit extremistischer Gesinnung und/oder islamistisch motivierte Kriegsverbrecher befinden können" (Bundesministerium des Inneren 2016, S. 164).

Die hohe Sensibilität für mögliche Anschläge wurde weiterhin dadurch befördert, dass die Sicherheitsbehörden mit Blick auf die Möglichkeit terroristischer Anschläge einem Vermeidungsimperativ (dazu Japp 2003) folgen. Mit Vermeidungsimperativ ist gemeint, dass terroristische Anschläge für Sicherheitsbehörden zwingend zu vermeidende Negativereignisse darstellen. Angesichts möglicher Anschläge haben Polizeien daher einen Action Bias, tendieren also dazu, zu handeln, ohne dass Handlungen zwangsläufig notwendig sind. Diese Tendenz gründet darin, dass es sich die Sicherheitsbehörden nicht leisten können, von ihrer Umwelt als abwartend wahrgenommen zu werden. Befördert wird diese Tendenz auch dadurch, dass der Letztadressat terroristischer Gewalt der Staat ist, der in seiner vermeintlichen Unfähigkeit, die eigenen Bürger:innen zu beschützen, entlarvt werden soll. Ein weiterer Faktor, der Handlungen im Bereich der

Verhinderung terroristischer Gefahren provoziert, ist darin zu sehen, dass bei möglicher terroristischer Gewalt die negativen Folgen die Wahrnehmung bestimmen. Die daraus resultierende „Überdramatisierung der Gefahr" (Daase und Rühlig 2016, S. 28) verdeckt den Umstand, dass Anschläge sehr seltene Ereignisse sind. Sie erklärt jedoch die hohe Sensibilität der Sicherheitsbehörden und ihren Action Bias hinsichtlich möglicher terroristischer Anschläge.

Bis zu diesem Punkt wurde die Überforderung der mit Migration befassten Behörden beleuchtet und herausgearbeitet, dass die Fluchtmigration und der Strategiewechsel des IS die Gefährdungseinschätzung der Sicherheitsbehörden maßgeblich prägen. Im verbleibenden Teil dieses Kapitels wird rekonstruiert, wie Amri von dieser Situation profitierte. Zuvor wird sich jedoch der Einreise Amris zugewendet.

Anis Amris Einreise nach Deutschland

Anfang Juli 2015 reiste der 1992 geborene und aus dem tunesischen Oueslatia stammende Anis Amri in die Bundesrepublik ein. Seine Einreise erfolgte aus Italien, das er bereits im Jahr 2011 über Lampedusa erreicht hatte (Deutscher Bundestag 2021, S. 276). Um die Überfahrt bezahlen zu können, versuchten Amri und weitere Personen einen Lkw zu stehlen, wofür Amri später von einem tunesischen Gericht in Abwesenheit zu einer Freiheitsstrafe von fünf Jahren verurteilt wurde (Landtag Nordrhein-Westfalen 2022, S. 38). In Italien angekommen, brachten die italienischen Behörden Amri auf Sizilien in einer Aufnahmeeinrichtung für unbegleitete minderjährige Geflüchtete unter (Deutscher Bundestag 2021, S. 277). Im November 2011 wurde er dann wegen verschiedener Straftaten, darunter Brandstiftung, Körperverletzung und

Unterschlagung, zu vier Jahren Haft verurteilt (Deutscher Bundestag 2021, S. 277).

Nachdem Amri diese Haftstrafe verbüßt hatte, nahmen die italienischen Behörden ihn in Abschiebehaft (Landtag Nordrhein-Westfalen 2022, S. 39). Wie bereits thematisiert (Kapitel 3), erforderte eine Abschiebung Amris es jedoch, dass die tunesischen Behörden ihn als Staatsbürger anerkannten, weil er selbst keine Ausweispapiere bei sich führte (Deutscher Bundestag 2021, S. 277). Da die tunesischen Behörden seine Anerkennung jedoch verweigerten, musste Amri nach Ablauf der gesetzlichen Frist von 30 Tagen aus der Abschiebehaft entlassen werden.

Die gescheiterte Abschiebung Amris lässt ein Muster deutlich werden, dass sich auch später in Deutschland wiederholt. Da Amri angab, über keinerlei Ausweispapiere mehr zu verfügen, waren die europäischen Behörden darauf angewiesen, dass Tunesien ihn als Staatsbürger anerkennt, um ihn abschieben zu können. Da diese Anerkennung seitens der tunesischen Behörden aber unterblieb, scheiterten diese Bemühungen regelmäßig. Worauf diese Weigerung gründete, lässt sich nur vermuten. Die vorliegenden Fakten legen allerdings nahe, dass die tunesischen Behörden kein Interesse daran hatten, mit Amri eine Person zurückzuholen, die bereits straffällig geworden war. Darauf deutet etwa die Aussage eines Verbindungsbeamten des BKA hin, er sei Ende Oktober 2016 von seinem tunesischen Amtskollegen darüber informiert worden, dass es sich bei Amri um einen tunesischen Staatsangehörigen handele (Deutscher Bundestag 2021, S. 283). Kurz zuvor, am 20. Oktober 2016, hatte das tunesische Generalkonsulat jedoch die Ausstellung von Ausweispapieren mit der Begründung abgelehnt, Amri sei unbekannt (Bundesministerium des Inneren 2017, S. 18). Erst am 21. Dezember und damit zwei Tage nach dem Anschlag erkannte Tunesien Amri schließlich an (Deutscher Bundestag 2021,

S. 776) – wohl als Reaktion auf den politischen Druck infolge des Anschlages. Im Sommer 2015 war die Konsequenz der ausbleibenden Anerkennung Amris, dass dieser nach 30 Tagen aus der Abschiebehaft entlassen werden musste. Dies nutzte Amri, um sich von Italien aus auf den Weg in die Bundesrepublik zu machen.

Amri reiste mutmaßlich allein nach Deutschland ein, zumindest aber wurde er bei den deutschen Behörden allein vorstellig (Deutscher Bundestag 2021, S. 278). Am 6. Juli 2015 meldete er sich beim Polizeipräsidium Freiburg erstmalig asylsuchend. Da Amri kein Deutsch sprach, ließ ihn der zuständige Beamte einen Personalbogen auf Französisch ausfüllen. Amri vermerkte darauf, dass er tunesischer Staatsbürger sei, humanitäres Asyl suche und am Vortag über Basel in die Bundesrepublik eingereist sei (Deutscher Bundestag 2021, S. 282). Im Anschluss wurde er von der Kriminalpolizei erkennungsdienstlich behandelt – Abdrücke seiner Finger, Handflächen und Handkanten wurden genommen und es wurde ein Lichtbild angefertigt (Deutscher Bundestag 2021, S. 282). Im Anschluss händigte der Beamte Amri eine Bescheinigung über die Meldung als Asylsuchender (BüMA) aus, die als Ausweisersatz fungiert (Deutscher Bundestag 2021, S. 278). Auf der BüMA war jedoch nicht sein tatsächlicher Name, sondern der Name Anis Amir (sic!) vermerkt. Darüber hinaus bekam Amri eine Fahrkarte für die Fahrt von Freiburg nach Karlsruhe, wo er sich beim Landesamt für Einwanderung melden sollte. Dies tat er am Folgetag. Allerdings wurde Amri nicht über das bereits angesprochene EASY-System einem Bundesland zugeordnet. Es sollte auch nicht mehr zu einer Zuordnung kommen, da Amri sich nach dem 7. Juli nicht länger in der Aufnahmeeinrichtung aufhielt (Deutscher Bundestag 2021, S. 286). Wann genau Amri Karlsruhe verließ, ist nicht bekannt. Nachvollziehbar ist lediglich, dass er Mitte Juli noch einmal im Landesamt für Einwanderung im baden-württembergischen Ellwangen vorstellig wurde.

Ende Juli 2015 trat Amri behördlich wieder in Erscheinung, als er sich beim Berliner Landesamt für Gesundheit und Soziales (LaGeSo) erneut asylsuchend meldete, dieses Mal jedoch unter dem Alias Mohammed Hassan (Deutscher Bundestag 2021, S. 279; 288). Hier zeichnet sich ein Muster ab, das sich in den kommenden Wochen und Monaten wiederholen sollte: Amri meldete sich in verschiedenen Städten und Bundesländern unter verschiedenen Aliasnamen als asylsuchend (Deutscher Bundestag 2021, S. 278 f.), um mehrfach Unterstützungsleistungen zu erhalten. Insgesamt nutzte er fünf Identitäten, die er jedoch von Zeit zu Zeit, wie oben bereits erkennbar, geringfügig variierte, sodass er insgesamt unter fünfzehn Aliasnamen in Erscheinung trat (Deutscher Bundestag 2021, S. 323 f.). Er profitierte in dieser Hinsicht von der Überlastung der Behörden, die die ordnungsgemäße Abarbeitung der Anträge erschwerte, sodass seine verschiedenen Aliasidentitäten zunächst unentdeckt blieben. Bekannt wurden sie erst 2016. Als im Mai 2016 Amris Asylantrag negativ beschieden wurde, stellten die Behörden den Ablehnungsbescheid auf insgesamt acht Aliasidentitäten aus (Deutscher Bundestag 2021, S. 290).

Emmerich

Nachdem das Berliner LaGeSo Amri im Juli 2015 registriert hatte, legte es über das EASY-System fest, dass das Land Nordrhein-Westfalen für ihn zuständig sei. Amri begab sich daraufhin nach Dortmund. Hier stellt er bei der zuständigen Stelle einen Asylantrag, sodass er in Dortmund – in Unkenntnis der vorherigen Zuteilung seiner

Person – erneut erfasst und wiederum über das EASY-System zugeteilt wurde (Deutscher Bundestag 2021, S. 289).

Von Anfang bis Mitte August 2015 hielt sich Amri in der Zentralen Unterbringungseinrichtung Rüthen auf (Deutscher Bundestag 2021, S. 290). Mitte August legte die Ausländerbehörde der Stadt Dortmund dann fest, dass der Kreis Kleve für Amri verantwortlich sei (Deutscher Bundestag 2021, S. 291). Dieser wiederum brachte Amri in der Gemeinde Emmerich nahe der holländischen Grenze unter. Zu diesem Zeitpunkt liefen bereits einige Verfahren gegen ihn, die aber wegen Geringfügigkeit – im Fall des Fahrens ohne gültigen Fahrausweis in öffentlichen Verkehrsmitteln in Karlsruhe – oder wegen unzureichender Beweislage – im Fall der unerlaubten Einreise in die Bundesrepublik – fallengelassen wurden (Deutscher Bundestag 2021, S. 279). Demgegenüber begann mit der Unterbringung Amris in Emmerich die polizeiliche Beschäftigung mit seiner Person aufgrund der möglichen Planung eines Anschlags. Diese ist das Thema des nächsten Kapitels. Erst einmal werden jedoch die Ergebnisse dieses Kapitels kurz zusammengefasst.

Zwischenfazit

In diesem Kapitel wurde der gesellschaftliche Kontext der polizeilichen Ermittlungen gegen Amri dargestellt. Mit dem Strategiewechsel des IS sowie der Fluchtmigration wurden zwei zentrale Entwicklungen benannt, deren Zusammentreffen bei den Sicherheitsbehörden eine erhöhte Sensibilität für mögliche terroristische Anschläge bewirkte. Zugleich wurde gezeigt, dass Migration allein keineswegs zu terroristischen Anschlägen führt. Gleichwohl sorgte die Fluchtmigration 2015/2016 für eine Überforderung der Behörden, wie anhand von Amris Einreise und seinen verschiedenen Asylanträgen unter Nutzung von Mehrfachidentitäten aufgezeigt wurde. Die Schilderungen von Amris Einreise und seinem Asylverfahren dienen als Basis, um in die Analyse der polizeilichen Ermittlungen gegen Amri einzusteigen.

4

Radikalisierung und Polizeiliche Ermittlungen – Oder: Erste Anschlagspläne

Amri lebte ab dem 18. August 2016 gemeinsam mit anderen Geflüchteten in einem Zimmer der Asylunterkunft Emmerich. Schon früh fiel Amri seinen Mitbewohner:innen durch radikale Äußerungen auf. So versuchte er, ihnen Vorschriften über rituelle Waschungen und das richtige Beten aufzuerlegen (Deutscher Bundestag 2021, S. 296). Im Sinne der obigen Definition von Terrorismus lässt sich hier die puritanische Differenz erkennen, die Amris Weltsicht prägt: hier der reine Gläubige und dort die Personen, die ihre Reinheitsverpflichtung korrumpieren. Wenig überraschend provozierte Amris Verhalten Konflikte, die – wie ein Mitbewohner später vor dem Untersuchungsausschuss des Bundestags aussagte – manchmal erst kurz vor handgreiflichen Auseinandersetzungen endeten (Deutscher Bundestag 2021, S. 294).

Neben den Vorschriften, die Amri seinen Mitbewohner:innen machte, zeigte er Fotos und Videos von IS-Kämpfer:innen herum, auf denen diese mit Waffen posierten (Deutscher Bundestag 2021, S. 296). Auch rechtfertigte er seine Mehrfachmeldungen bei den Asylbehörden damit, dass diese den „Ungläubigen" finanziell schaden würden (Deutscher Bundestag 2021, S. 295).

Amris extremistische Ansichten führten mitunter dazu, dass er seine Tage überwiegend allein verbrachte. Einen Teil dieser Zeit hielt er sich in einer lokalen Moschee auf, sodass bei seinen Mitbewohner:innen der Eindruck entstand, er wolle sich nicht integrieren (Deutscher Bundestag 2021, S. 295). Zu diesem Eindruck dürfte neben dem erwähnten Verhalten auch beigetragen haben, dass Amri, der in der Unterkunft wohl unter seinem Klarnamen bekannt war, seine Mitbewohner:innen offen und erkennbar anlog. Einem Mitbewohner stellte er sich als ägyptischer Flüchtling vor, was dieser aufgrund Amris Dialekt jedoch als Lüge durchschaute (Deutscher Bundestag 2021, S. 295).

Meldungen durch Geflüchtete und „Prüffall Islamismus"

Die bekannten Informationen zu Amris Aufenthalt in der Unterkunft Emmerich ergeben das Bild einer sozial zurückgezogenen Person mit religiösen Reinheitsvorstellungen und einer Affinität zum Anliegen des IS. Einen seiner Mitbewohner erinnerte sein Verhalten an radikalisierte Personen, denen er in Syrien begegnet war. Aus diesem Grund meldete er Amri über einen Dolmetscher bei der Unterkunftsleitung (Deutscher Bundestag 2021, S. 296 f.). Auswirkungen hatte diese Meldung jedoch keine. Die Unterkunftsleitung suchte lediglich das Gespräch mit Amri, unternahm ansonsten aber keine

4 Radikalisierung und polizeiliche Ermittlungen ...

weiteren Schritte. Aktiv wurde demgegenüber ein weiterer Mitbewohner, der sich an das Sozialamt wandte. Da er sich vom Sozialamt allerdings nicht ernst genommen fühlte, wurde er Ende Oktober 2015 bei der Ausländerbehörde Kleve vorstellig. Dort schilderte er seinen Eindruck von Amri, den er vor dem Untersuchungsausschuss des Bundestags wie folgt zusammenfasste: Amri denke, dass „alle Nichtmuslime getötet werden müssen" (Deutscher Bundestag 2021, S. 298).

Die Ausländerbehörde Kleve setzte sich noch am selben Tag mit der Polizei Krefeld in Verbindung und teilt ihr mit, dass der Verdacht bestehe, dass Amri Kontakte zum IS habe und Mitglieder seiner Familie bereits für den IS kämpfen würden. Zudem informierte das Amt die Polizei darüber, dass Amri – anders als von ihm angegeben – mutmaßlich nicht aus Ägypten stamme, da sein Dialekt auf eine Herkunft aus Tunesien hinweise (Deutscher Bundestag 2021, S. 298). Die Polizei Krefeld übermittelte diese Hinweise daraufhin unter anderem der für solche Fälle zuständigen Abteilung Staatsschutz, die am Folgetag einen sogenannten Prüffall Islamismus anlegte (Deutscher Bundestag 2021, S. 299). Das Anlegen eines solchen Prüffalls bedeutete, dass die Polizei ermittelte, ob der Verdacht begründet war, es handle sich bei Amri um eine radikalisierte Person (Deutscher Bundestag 2021, S. 493).

Der Verdacht auf eine mögliche Radikalisierung Amris stellte für die Polizei Krefeld einen von „dutzende[n] Hinweisen" auf radikalisierte Personen dar (Deutscher Bundestag 2021, S. 493). Allein in Nordrhein-Westfalen gab es im Jahr 2016 15.000 solcher Prüffälle (Deutscher Bundestag 2021, S. 506). Ungeachtet dessen waren die Ermittlungen der Krefelder Polizei die erste polizeiliche Beschäftigung mit Amri – knapp vier Monate nach dessen Einreise und ohne dass die Polizei nach ihm gesucht hätte.

Ermittlungskommission Ventum

Parallel zu der Aktivität der Krefelder Polizei wurde Amri auch Gegenstand einer laufenden Ermittlung des LKA NRW, das im Juli 2015 die Ermittlungskommission (EK) Ventum ins Leben gerufen hatte, die zunächst gegen eine, später gegen drei führende Personen des islamistischen Milieus in Deutschland ermittelte (Deutscher Bundestag 2021, S. 505). Bei diesen handelte es sich um Personen aus dem bereits erwähnten Islamkreis Hildesheim, deren Festnahme im November 2016 die Anschlagspläne Amris intensiviert haben könnte. Im Herbst 2015 wurde jedoch noch gegen die Gruppe ermittelt, da der Verdacht bestand, dass sie Kämpfer:innen für den IS rekrutierte und die Ausreise der Rekrutierten in das vom IS kontrollierte Gebiet ermöglichte (Deutscher Bundestag 2021, S. 505). Die 2021 zu Haftstrafen von bis zu 10,5 Jahren verurteilten Männer (Die Welt 2021) nutzten dafür ein Reisebüro in Duisburg, eine Koranschule in Dortmund und die DIK-Moschee in Hildesheim (Deutscher Bundestag 2021, S. 505).

Die EK Ventum führte im Umfeld der drei Verdächtigen eine sogenannte Vertrauensperson bzw. V-Person. Aus diesem Grund wird nun ein kurzer Blick auf V-Personen und ihre Rolle bei Ermittlungen geworfen.

V-Personen

Um sich der Thematik V-Personen zu nähern, ist es hilfreich, V-Personen von anderen Akteur:innen der sicherheitsbehördlichen Informationserhebung abzugrenzen. Grundlegend kann diesbezüglich zwischen verdeckten Ermittler:innen, Informant:innen und V-Personen unterschieden werden. Bei verdeckten Ermittler:innen handelt es sich um Angehörige von Sicherheitsbehörden, die für einen längeren Einsatz in bestimmte Milieus eingeschleust werden. Informant:innen sind Personen, die den Sicherheitsbehörden gelegentlich Informationen zukommen lassen. V-Personen wiederum informieren die Sicherheitsbehörden regelmäßig, zeichnen sich also anders als Informant:innen durch ein auf Dauer gestelltes Verhältnis zu den Sicherheitsbehörden aus, ohne dass sie formal Behördenmitglieder sind. Dieses Verhältnis findet seinen Ausdruck darin, dass es in Polizeiorganisationen V-Personenführer:innen gibt, deren Aufgabe es ist, den Kontakt mit V-Personen zu gewährleisten, diesen aber auch Anreize zu geben, gewünschte Informationen zu liefern. V-Personen werden aus bestimmten Milieus heraus angeworben, können aber auch gezielt in die im Fokus stehenden Milieus platziert werden, um an Informationen zu gelangen. Für ihre Dienste werden sie finanziell entlohnt.

V-Personen sind ein elementarer Bestandteil des sogenannten „High Policing[s]" (Brodeur 1983). Mit diesem Begriff wird polizeiliche Ermittlungsarbeit bezeichnet, die sich verdeckter Methoden bedient, um Informationen zu sammeln. Diese Informationen können der Überwachung oder Aufklärung von Sachverhalten dienen, können aber auch genutzt werden, um Risikobeurteilungen bestimmter Personen zu erstellen (Brodeur 2010, S. 227 f.). Historisch entstammt High Policing der politischen Polizei, also der Polizei, die eingesetzt wurde, um politische Gegner zu überwachen, aber auch zu unterminieren und zu zersetzen (Brodeur 2010). Heute kommt High Policing polizeilich – zumindest in demokratischen Ländern – überwiegend bei solchen Delikten zum Einsatz, die als bedeutende Bedrohungen wahrgenommen werden. Dazu gehören zum Beispiel Drogenschmuggel und Menschenhandel (Bayley und Weisburd 2011, S. 82). Angesichts des klandestinen Charakters terroristischer Anschlagsplanungen sind V-Personen aber auch ein maßgebliches Mittel der Sicherheitsbehörden zur Abwehr terroristischer Gefahren (Brodeur 2010, S. 244).

Der Vorteil des Einsatzes von V-Personen liegt aus behördlicher Sicht darin, dass sich durch sie Informationen über Kreise gewinnen lassen, die andernfalls verschlossen blieben. Ein weiterer Vorteil wird sichtbar, wenn man V-Personen mit verdeckten Ermittler:innen vergleicht. Da letztere Mitglieder von Sicherheitsbehörden sind, sind sie – trotz ihrer verdeckten Arbeit – an rechtliche Vorgaben gebunden. Dies ist vor allem dann ein Problem, wenn sich verdeckte Ermittler:innen gezwungen sehen, Straftaten zu begehen, um ein Vertrauensverhältnis zu Personen aus dem im Fokus stehenden Milieu aufzubauen. Bei V-Personen wiederum besteht dieses Problem aus behördlicher Sicht nicht, da es sich bei ihnen nicht um Mitglieder von Sicherheitsbehörden handelt.

Der Einsatz von V-Personen bringt aber auch Nachteile mit sich. Da V-Personen Informationen gegen Geld weitergeben, haben sie einen Anreiz, Informationen zu dramatisieren. Aus diesem Grund müssen Sicherheitsbehörden einen gewissen Aufwand betreiben, um die Informationen, die sie von V-Personen erhalten, durch andere Quellen zu bestätigen. Zudem sind V-Personen einem permanenten Loyalitätskonflikt ausgesetzt, der ihre Glaubwürdigkeit beeinflussen kann, schließlich berichten sie über ein Milieu, dem sie selbst angehören. Ein weiteres Problem besteht darin, dass V-Personen, sobald sie an zentraler Stelle in ein Milieu eingebunden sind, die Strukturen mitaufbauen oder verfestigen können, über die sie die Behörden später informieren.

Diese kurze Verortung von V-Personen soll helfen, ihre Rolle bei Ermittlungen besser zu verstehen. Auf dieser Basis wird sich nun der V-Person der EK Ventum im Umfeld von Amri zugewendet und den Informationen, die sie über ihn lieferte.

VP-01

Die V-Person, die die EK Ventum im direkten Umfeld der drei Personen führte, die im Verdacht standen, Kämpfer:innen für den IS zu rekrutieren, ist später unter dem Namen VP-01 bekannt geworden. Es handelt sich um eine V-Person, die schon längere Zeit für die Polizei NRW tätig war und 2015 im Bereich islamistisch motivierter Straftaten eingesetzt wurde (Deutscher Bundestag 2021, S. 517). Durch ihre Tätigkeit kam die VP-01 auch mit Anis Amri in Kontakt, da dieser im Winter 2015 regelmäßig Gast in den Dortmunder und Hildesheimer Anlaufstellen des Netzwerks war (Deutscher Bundestag 2021, S. 507).

Im November 2015 berichtete die VP-01 ihrem V-Personenführer erstmalig, dass eine Person namens Anis Anschlagspläne verfolge (Deutscher Bundestag 2021, S. 506). Dass es sich bei diesem Anis um Anis Amri handelte, war zu diesem Zeitpunkt noch nicht bekannt; Amris Identität wurde erst kurze Zeit später, Anfang Dezember, durch die Polizei NRW festgestellt (Deutscher Bundestag 2021, S. 506). Trotz der zunächst ungeklärten Identität konnte die VP-01 Angaben zu den konkreten Anschlagsplänen machen. So berichtete sie, Amri habe behauptet, er sei in der Lage, sich ein Sturmgewehr der Marke Kalaschnikow in Italien zu besorgen. Die V-Person merkte zudem an, dass Amri den Eindruck mache, „unbedingt für seinen Glauben kämpfen zu wollen" (Deutscher Bundestag 2021, S. 506).

Die Absichten, die Amri gegenüber der VP-01 kommunizierte, hatten zur Folge, dass das LKA NRW Amri nicht mehr länger als „Beifang" (Deutscher Bundestag 2021, S. 633) der EK Ventum erachtete, sondern eigene Ermittlungen gegen ihn anstrebte. Die dafür notwendigen staatsanwaltlichen Beschlüsse lagen im Dezember 2015 vor. Von da an überwachten die Ermittler:innen Amris Gespräche, seine Chats und recherchierten im Internet nach seiner Person (Deutscher Bundestag 2021, S. 510).

Die Ermittlungen gegen Amri ergaben, dass er Mitte Dezember 2015 im Internet nach Anleitungen zum Bau von Bomben suchte. Nur wenige Tage später telefonierte er mit einer bis dahin unbekannten Person namens Montassar. Die beiden besprachen die Möglichkeit eines Raubes, um mit dem erbeuteten Geld ein Sturmgewehr des Typs Kalaschnikow zu kaufen. An Weihnachten 2015 informierte die VP-01 die Polizei zudem darüber, dass sich Amri in Hildesheim aufhalte und dort eine Privataudienz beim Seminarleiter erhalten habe. Bei diesem handelte es sich um einen der führenden Köpfe des Rekrutierungsnetzwerks, gegen das die EK Ventum ermittelte. Kurz zuvor war Amri in der Dortmunder Anlaufstelle des Netzwerks gewesen, wo er an „einer Art Trainingsmarsch" zur Ausreise in das IS-Gebiet teilnahm (Deutscher Bundestag 2021, S. 507), bei dem die Teilnehmer:innen mit einem 25 kg schweren Rucksack 16 Kilometer durch einen Wald marschierten (Landtag Nordrhein-Westfalen 2022, S. 296). Darüber hinaus registrierten die Ermittler:innen Anfang Februar 2016 einen Chat zwischen Amri und einer Person mit einer libyschen Nummer. Im Laufe dieses Gesprächs wurde Amri von seinem Chatpartner dazu aufgefordert, „zu einem ‚Bruder' zu gehen und sich diesem anzubieten mit den Worten: ‚Ich will der Religion Gottes dienen, wie soll ich es machen'". Man werde „im Paradies vereint sein". Amri antwortete: „So Gott will" (Deutscher Bundestag 2021, S. 507).

Zwei Arten der Radikalisierung

Die vorangegangenen Ausführungen verdeutlichen, dass Amri bereits bei seiner Ankunft in der Bundesrepublik in einem erheblichen Maße radikale Ansichten vertrat. Dies zeigen die Äußerungen gegenüber seinen

4 Radikalisierung und polizeiliche Ermittlungen ...

Mitbewohner:innen, seine Kontakte zu IS-Kämpfer:innen sowie die Tatsache, dass er unmittelbar nach seiner Ankunft Anschluss an islamistische Milieus suchte. Besonders deutlich kommt Amris radikale Einstellung jedoch in den Anschlagsplänen zum Ausdruck, die er im Dezember 2015 kommunizierte.

Dies wird zum Anlass genommen, das Phänomen Radikalisierung genauer zu betrachten. Eine solche Auseinandersetzung hilft nicht nur, Amris Radikalisierung besser einordnen zu können, sondern sie ist vor allem hilfreich, um die Unsicherheit herauszuarbeiten, die den organisationalen Zugriff auf das Phänomen der Radikalisierung kennzeichnet.

Unter Radikalisierung wird ein "change in beliefs, feelings, and behaviors in directions that increasingly justify intergroup violence and demand sacrifice in defense of the ingroup" verstanden (McCauley und Moskalenko 2008, S. 416). Radikalisierung meint also einen Prozess in dessen Verlauf zunehmend Gewalt zur Verteidigung der Gruppe gerechtfertigt wird, der sich die jeweilige Person zugehörig fühlt (McCauley und Moskalenko 2008, S. 416). Der Clou dieser Definition von Radikalisierung ist, dass ihr Fokus auf der *Rechtfertigung* und nicht auf der *Ausübung* von Gewalt liegt, was insofern entscheidend ist, als nicht jeder Radikalisierungsprozess dazu führt, dass Personen Gewalt ausüben. Dieser Charakter von Radikalisierungsprozessen lässt sich gut anhand des sogenannten Zwei-Pyramiden-Modells von McCauley und Moskalenko verdeutlichen.

Das Zwei-Pyramiden-Modell basiert auf der Einsicht, dass sich sowohl das Verhalten als auch die Einstellungen von Personen radikalisieren können. Daraus folgt, dass die Radikalisierung *hin zu extremistischen Einstellungen einen anderen Prozess darstellt als die Radikalisierung hin zur*

Ausübung extremistischer Gewalt wie terroristischer Anschläge (McCauley und Moskalenko 2017, S. 211).

Im Bereich der *Einstellungen* unterscheidet das Modell vier verschiedene Einstellungsmuster. Das erste Einstellungsmuster bezieht sich auf Personen, die einer bestimmten Ideologie neutral gegenüberstehen. Es folgen Personen, die Sympathien für eine bestimmte Ideologie haben, und solche, die Gewalt im Sinne der Ideologie rechtfertigen. An der Spitze der Pyramide stehen Personen, die es als eine moralische Pflicht ansehen, Gewalt im Namen einer Ideologie auszuüben, die also extremistische Ansichten vertreten (McCauley und Moskalenko 2017, S. 211 f.). Ein wichtiger Aspekt der Pyramide ist, dass es sich nicht um ein Stufenmodell handelt, da Radikalisierung kein linearer Prozess ist. Die sich radikalisierenden Personen durchlaufen also weder alle der genannten Stadien noch führt ein Stadium automatisch zum nächsten. Vielmehr können sie zwischen den verschiedenen Stadien wechseln, ohne die vorangehenden oder nachfolgenden durchlaufen zu müssen (McCauley und Moskalenko 2017, S. 212).

Im Bereich des *Verhaltens* unterscheiden McCauley und Moskalenko ebenfalls vier Stadien. Im ersten Stadium befinden sich Personen, die die Autor:innen als träge verstehen, da sie nichts für eine Bewegung tun. Dem folgen Aktivist:innen, die vorrangig politisch handeln, um eine bestimmte Bewegung zu unterstützen. Das dritte Stadium ist gekennzeichnet durch Personen, die auch illegal handeln, um die Ziele einer bestimmten Bewegung voranzutreiben. Die schärfste Ausprägung der Gewaltpyramide sind dann Individuen, die extremistische Gewalt ausüben (McCauley und Moskalenko 2017, S. 212). Auch Radikalisierungsprozesse hin zur Ausübung von Gewalt setzen kein lineares Fortschreiten durch die verschiedenen Stadien voraus, vielmehr können Individuen hier ebenso zwischen den verschiedenen Stadien wechseln, ohne die dazwischenliegenden notwendigerweise zu durchlaufen.

Das Zwei-Pyramiden-Modell macht ersichtlich, dass Einstellungen und Verhalten nur lose miteinander gekoppelt sind. Auch wenn dies im Kontrast zu alltäglichen Vorstellungen von Radikalisierungsprozessen steht, lässt sich diese Trennung leicht daran nachvollziehen, dass es deutlich mehr Personen gibt, die Gewalt rechtfertigen und sie als angemessen empfinden, als Personen, die tatsächlich Anschläge begehen. Das bedeutet gleichwohl nicht, dass es keine Personen gibt, die zunächst eine radikale Einstellung ausbilden und sich zunehmend Gewalt zuwenden. Das Zwei-Pyramiden-Modell macht aber eben darauf aufmerksam, dass eine solche Entwicklung weder notwendig noch zwangsläufig ist. Die Übernahme radikaler Einstellungen bis hin zur Rechtfertigung von Gewalt ist insofern nicht gleichzusetzen mit der Ausübung von Gewalt. Umgekehrt bedeutet dies aber auch, dass eine extremistische Haltung nicht die Voraussetzung dafür sein muss, dass Personen Gewalt ausüben. Anders formuliert: Nicht alle Individuen, die terroristische Anschläge begehen, sind flammende Anhänger:innen einer bestimmten Ideologie. So können Motive wie Rache oder Liebe Menschen dazu bringen, sich einem Zweck zu verschreiben, von dem sie nicht überzeugt sind (McCauley und Moskalenko 2017, S. 212).

Die zentrale Einsicht der voranstehenden Ausführungen ist die Unterscheidung zwischen einstellungsmäßiger und verhaltensmäßiger Radikalisierung. Diese wird im weiteren Verlauf des Buches genutzt, um die polizeiliche Perspektive auf Amri herauszuarbeiten. An dieser Stelle aber wird einmal mehr Amri in den Fokus genommen.

Amris Radikalisierung

Die Rekonstruktion seines Weges in die Bundesrepublik hat gezeigt, dass Amri bereits zu Beginn seines Aufenthalts in Deutschland extremistische Ansichten vertrat. Wie er sich radikalisierte, lässt sich anhand der vorliegenden Daten jedoch nur lückenhaft nachvollziehen. Das Wenige, was über seinen Radikalisierungsprozess bekannt ist, soll im Folgenden zusammengetragen werden.

Radikalisierungsprozesse finden oft an Orten statt, an denen potenzielle Empfänger:innen radikaler Botschaften besonders anfällig sind, etwa aufgrund ihrer persönlichen Situation oder aufgrund von Machtgefällen. Dazu gehören religiöse Einrichtungen ebenso wie Flüchtlingsunterkünfte und Gefängnisse. Auch in Amris Fall spielen diese Orte eine Rolle. Insbesondere die Haftzeit in Italien scheint für ihn eine radikalisierende Erfahrung gewesen zu sein. Vor dem Untersuchungsausschuss des Bundestags fasste ein Mitbewohner aus Emmerich die diesbezüglichen Aussagen Amris wie folgt zusammen: „Anis Amri erzählte uns: Als ich im Gefängnis saß, wurde meine Person umgewandelt. Dort lernte er Leute bzw. Salafisten kennen. Sie haben seine Gesinnung geändert. Er sagte uns: Ich war genauso wie ihr. Ich will euch einfach aufklären. Er sagte: Ich war wie ihr. Ich habe mir zum Beispiel Lieder angeschaut. Ich rauchte und machte, was ich wollte. Das Gefängnis war ein Glück im Unglück für mich (sinngemäß). Dort lernte ich Leute kennen, die mir den wahren und richtigen Weg zeigten" (Deutscher Bundestag 2021, S. 332).

Der Bericht des Mitbewohners gibt Aufschluss darüber, dass Amri die Zeit im Gefängnis im Nachhinein als eine Art Erweckung verstand. Dies ist insofern überzeugend, als Radikalisierungsprozesse oft einen Moment der emotionalen und intellektuellen Öffnung gegenüber extremistischen Orientierungen beinhalten (McCauley und Moskalenko 2017). Die Gründe, aus denen sich Amri radikalen Inhalten öffnete, lassen sich kaum belastbar nachvollziehen. Interessant ist aber, dass seine Radikalisierung nicht nur eine ideologische, sondern auch eine soziale Komponente hatte: Amri kannte Personen aus seinem Heimatort, die für den IS kämpften, und hegte mutmaßlich auch deshalb Sympathien für die terroristische Gruppierung. Es ist folglich plausibel, dass er sich nicht nur den Zielen des IS verpflichtet fühlte, sondern insbesondere auch den ihm bekannten und von ihm offenkundig bewunderten IS-Kämpfer:innen. Seine späteren Kontakte zum IS liefen dann auch über diese bestehenden Bekanntschaften (Deutscher Bundestag 2021, S. 476).

Ungeachtet der Gründe für seine Radikalisierung lässt sich bei Amri nach seiner Einreise nach Deutschland also eine extremistische Einstellung ausmachen. Diese kommt darin zum Ausdruck, dass er bereits im Sommer 2015 Gewalt legitimierte und für moralisch geboten hielt. Dennoch scheint er zu diesem Zeitpunkt nach allem, was bekannt ist, keine Anschlagspläne verfolgt zu haben. Zumindest ließ er gegenüber seinen Mitbewohner:innen in Emmerich keine diesbezüglichen Absichten erkennen. Stattdessen erzählte er ihnen, dass er nach Deutschland gekommen sei, um einen Asylantrag zu stellen und finanzielle Unterstützung zu erhalten (Deutscher Bundestag 2021, S. 332).

Dass Amri zum Zeitpunkt seiner Einreise nach Deutschland zwar extremistische Ansichten vertrat, aller Wahrscheinlichkeit nach aber keinen terroristischen Anschlag plante, ist eine Einsicht, deren Prägnanz erst deutlich wird, wenn man sie mit der Annahme kontrastiert, Amri sei ein sogenannter Schläfer gewesen. Diese Spekulation fand sich nach dem Anschlag immer wieder im öffentlichen Diskurs. Als Schläfer hätte der IS Amri nach Deutschland geschickt, damit er zu einem später zu bestimmenden Zeitpunkt einen Anschlag verübt.

Zu Beginn dieses Buches wurde argumentiert, dass die Vorstellung Amris als ferngesteuertem Attentäter die Rationalität des Anschlags auf dem Breitscheidplatz überschätzt und zugleich die Kontingenz und Komplexität der Entscheidungswege Amris ignoriert. Vor dem Hintergrund der vorangegangenen Rekonstruktionen und des Zwei-Pyramiden-Modells lässt sich nun hinzufügen, dass die Idee, bei Amri habe es sich um einen Schläfer gehandelt, auch seine Radikalisierung falsch einordnet, setzt sie doch eine gleichbleibend ausgeprägte extremistische Gewaltbereitschaft voraus. Wie gesehen, vertrat Amri im Sommer 2015 extremistische Ansichten, hatte aber nach allem, was bekannt ist, nicht die Absicht, sie in Form eines Anschlags in die Tat umzusetzen. Diese Handlungsoption ergab sich für ihn erst, als er im Winter 2015 Anschluss an das beschriebene islamistische Milieu in Duisburg, Dortmund und Hildesheim fand. So kamen die Ermittler:innen bei einer nachträglichen Auswertung des im Februar 2016 konfiszierten Mobiltelefons zu dem Schluss, dass sich ab Winter 2015 eine „deutliche Radikalisierung" feststellen ließ (Deutscher Bundestag 2021, S. 238).

Im Sinne des Zwei-Pyramiden-Modells lässt sich also festhalten, dass Amri im Winter 2015 nicht länger nur extremistische Ansichten vertrat, sondern erstmals auch die Bereitschaft kommunizierte, Gewalt auszuüben. Der Fokus auf einen Anschlag mit Sturmgewehren – es sei daran erinnert, dass Amri laut der VP-01 behauptete, er könne sich in Italien eine Kalaschnikow besorgen – lässt vermuten, dass seine Vorstellung von der Durchführung eines Anschlags stark von den Ereignissen in Paris im

November 2015 geprägt waren, bei denen islamistische Täter:innen an verschiedenen Orten der französischen Hauptstadt 130 Menschen töteten und über 400 verletzten. Es ist daher anzunehmen, dass Amri zu diesem Zeitpunkt eher unspezifische Überlegungen zu Anschlagsformen anstellte, die nicht zuletzt durch die mediale Berichterstattung über aktuelle Terroranschläge beeinflusst waren.

Zugleich war die Idee, einen Anschlag in Deutschland zu begehen, nicht die einzige Handlungsorientierung Amris. Vielmehr zeigt sowohl seine polizeilich überwachte Kommunikation als auch seine Teilnahme an der Marschübung, *dass Amris Anschlagsabsichten immer von Überlegungen flankiert waren, sich dem IS anzuschließen*. Das LKA NRW fasste diese Doppelorientierung wie folgt zusammen: Einerseits hatte Amri „unspezifische Überlegungen zur Begehung eines terroristischen Anschlages", andererseits „Ausreiseabsichten in syrische oder libysche Jihad-Gebiete" (Deutscher Bundestag 2021, S. 332).

Den schwankenden Handlungspräferenzen Amris begegnet man immer wieder. Im Winter 2015 führten sie jedoch zunächst dazu, dass eine zweite Landespolizei auf Amri aufmerksam wurde.

Erste Kontakte mit der Berliner Polizei

Die Anschläge in Paris im November 2015 hatten zur Folge, dass die deutschen Polizeien einer Vielzahl von Hinweisen nachgehen mussten, die bei ihnen zu möglichen Anschlägen in Deutschland eingingen. Das LKA Berlin richtete zum Abarbeiten solcher Hinweise eine Besondere Aufbauorganisation (BAO) ein, der der Name Filter gegeben wurde. Bei einer BAO handelt es sich um eine temporäre Organisation, die dazu dient, Ressourcen für die Bearbeitung einer spezifischen Aufgabe zu bündeln – im vorliegenden Fall der Prüfung von Hinweisen auf vermeintliche islamistische Attentäter:innen. Die Ressourcen, die in einer BAO zusammengefasst sind, werden für einen bestimmten Zeitraum dem Normalbetrieb, der Allgemeinen Aufbauorganisation, entnommen.

Eine Woche nach Schaffung der BAO erhielt ihr Leiter während einer Sitzung im Gemeinsamen Terrorismusabwehrzentrum den Hinweis auf einen möglichen terroristischen Anschlag auf Züge in Dortmund. Bei dem vermeintlichen Täter sollte es sich um eine Person namens Bilel Ben Ammar handeln. Dieser war 2014 mit einer Gruppe weiterer Personen nach Deutschland eingereist (Deutscher Bundestag 2021, S. 338). Die Polizei ermittelte gegen einzelne Personen dieser Gruppe und stieß dabei auf Ben Ammar (Deutscher Bundestag 2021, S. 341).

Angesichts dieser Ausgangslage begann die Polizei, die Kommunikation Ben Ammars zu überwachen. Die Überwachung ergab, dass der Abgehörte derzeit auf „Sachen" warte, die in einer Moschee in Berlin übergeben werden sollten. Da die Polizei die „Sachen" für Materialien zur Durchführung eines Anschlags hielt, löste sie einen Einsatz aus, der den Verdacht, Ben Ammar plane einen Bombenanschlag, allerdings nicht erhärten konnte. Vielmehr stellte sich heraus, dass es sich bei den „Sachen", die ihm übergeben werden sollten, um Datteln und Rosenwasser handelte (Deutscher Bundestag 2021, S. 344). Die Vernehmung Ben Ammars ergab aber den Hinweis auf eine Person namens Anis. Später stellte sich heraus, dass es sich bei dieser Person um Amri handelte, der nachweislich ab Dezember 2015 mit Ben Ammar in Kontakt stand (Deutscher Bundestag 2021, S. 341). Amri war im Kontext Ben

Ammars bereits kurz zuvor polizeilich in Erscheinung getreten, als er diesen in der Unterkunft für Geflüchtete in der Berliner Motardstraße besuchte. Da Ben Ammar überwacht wurde, registrierte die Polizei Amris Besuch, kontrollierte ihn und nahm seine Personalien auf (Deutscher Bundestag, 2021, S. 588). Dies waren die ersten Kontakte des Berliner LKA zu Amri (Deutscher Bundestag 2021, S. 587). Die Berliner Schutzpolizei hatte bereits zuvor mit Amri zu tun gehabt, da er bei seiner Asylmeldung im Oktober 2015 im Berliner LaGeSo einen Wachmann angegriffen hatte (Deutscher Bundestag, 2021, S. 588).

Die Ausführungen zeigen, dass Amri Ende 2015 in NRW wie auch in Berlin Kontakte in das islamistische Milieu hatte und regelmäßig zwischen beiden Orten pendelte. Aufgrund dessen zog er unabhängig voneinander sowohl die Aufmerksamkeit der Polizei NRW als auch die der Polizei Berlin auf sich.

Einstufung als Gefährder und Ortswechsel

Amris Äußerungen führten dazu, dass die Polizei NRW ihn als sogenannten Gefährder einstufte. Wie bereits erwähnt, ist der Begriff Gefährder:in eine sicherheitsbehördliche Bezeichnung für Personen im Bereich der politisch motivierten Kriminalität, von denen aus Sicht der Behörden eine beträchtliche Gefahr ausgeht. Genutzt wird diese Bezeichnung von Sicherheitsbehörden, die mit der Abwehr möglicher terroristischer Gefahren befasst sind.

Die Bezeichnung Gefährder:in ist ein organisationaler Marker, kein Straftatbestand. Das schließt nicht aus, dass die entsprechenden Personen bereits (politisch motivierte)

Straftaten begangen haben oder in anderen Hinsichten behördlich auffällig waren. Vielmehr können solche Taten zur Einstufung als Gefährder:in führen. Die Einstufung als Gefährder:in hat jedoch keine unmittelbaren rechtlichen Konsequenzen; sie ist organisational, nicht rechtlich. Der organisationale Charakter wird insbesondere daran deutlich, dass die Einstufung als Gefährder:in *in erster Linie* ein behördliches Priorisierungsinstrument ist und nicht der Versuch, phänomenologisch und substanziell zu bestimmen, ob eine Person gefährlich ist. Zwar basiert die Einstufung als Gefährder:in auf entsprechenden Hinweisen und löst, wie später noch nachvollzogen wird, bestimmte polizeiliche Maßnahmen aus. Der primäre Zweck ist aber organisational: Das Führen einer Person als Gefährder:in soll Fälle markieren, die im Vergleich zu anderen Fällen vorrangig zu behandeln sind. Insofern ist die Existenz des Begriffs Gefährder:in, also die Schaffung eines entsprechenden Markers, bereits Ausdruck der Notwendigkeit der Polizei angesichts begrenzter Aufmerksamkeit und Ressourcen priorisieren zu müssen.

Wie gesehen, wurde Amri ursprünglich vom LKA NRW als Gefährder eingestuft. Diese Einstufung erfolgte am 17. Februar 2016. Da Gefährdereinstufungen von den Länderpolizeien vorgenommen werden, wechselt bei einer Verlagerung des Lebensschwerpunkts der als Gefährder:in geführten Person auch das Bundesland, das die Einstufung vornimmt. Aus diesem Grund führten die Polizeien von Berlin und NRW Amri abwechselnd als Gefährder. So wurde er im März 2016 in Berlin als Gefährder eingestuft, während er in NRW nicht mehr als solcher geführt wurde; im Mai 2016 war es umgekehrt (Deutscher Bundestag 2021, S. 833)..

Der Umgang mit dem Fall Amri im Gemeinsamen Terrorismusabwehrzentrum und Behördenzeugnis

Amris Anschlagspläne hatten zur Folge, dass er ab Februar 2016 regelmäßig Gegenstand von Beratungen im Gemeinsamen Terrorismusabwehrzentrum (GTAZ) wurde (Deutscher Bundestag 2021, S. 728). Das GTAZ dient als Plattform des Informationsaustauschs zwischen den Behörden, die mit islamistischem Terrorismus befasst sind. Dazu zählen neben den Polizeien der Länder insbesondere auch das BKA sowie das Bundesamt für Verfassungsschutz, aber auch der Bundesnachrichtendienst und das BAMF (Deutscher Bundestag 2021, S. 728).

Der Umgang mit dem Fall Amri im GTAZ ist intensiv vom Untersuchungsausschuss des Bundestags beleuchtet worden. Einer der zentralen Gründe dafür ist, dass es zu unterschiedlichen Bewertungen der Gefährlichkeit Amris kam wie bereits in der Einleitung erwähnt. So bewertete das BKA die von Amri ausgehende Gefahr zunächst mit sieben von acht Punkten, was bedeutete, dass „der Eintritt eines gefährdenden Ereignisses eher auszuschließen" ist (Deutscher Bundestag 2021, S. 526). Die Formulierung lässt erkennen, dass die Ermittler:innen nicht Amri als Person bewerteten, sondern stattdessen den Eintritt des von ihm möglicherweise beabsichtigten Tatszenarios.

Der Grund für die zurückhaltende Einschätzung des von Amri kommunizierten Tatszenarios war, dass es dem BKA nicht plausibel erschien, dass Amri seine Anschlagspläne gegenüber der ihm kaum bekannten VP-01 offen kommunizieren würde. Zudem war es aus Sicht der Ermittler:innen fraglich, wie sich Amri und die VP-01 angesichts einer fehlenden gemeinsamen Sprache verständigen konnten (Deutscher Bundestag 2021, S. 527). Nach Auseinandersetzungen mit der Polizei NRW korrigierte das BKA seine Gefährdungseinschätzung später auf fünf von acht Punkten und bewertete das Szenario, dass Amri durch einen Raubüberfall den Kauf eines Sturmgewehrs finanzieren könnte, um damit einen Anschlag zu begehen, als „eher unwahrscheinlich" (Deutscher Bundestag 2021, S. 756). Damit war Amri einer der am gefährlichsten bewerteten Gefährder, hob sich für die den Fall bearbeitenden Beamt:innen aber dennoch nicht aus der Menge gleichgelagerter Fälle ab (Deutscher Bundestag 2021, S. 756).

Die Frage, ob die Einschätzungen Amris zu Beginn des Jahres 2016 gerechtfertigt waren, lässt sich kaum beantworten. Dies liegt vor allem daran, dass durch die offene Kontrolle Amris am Berliner Omnibusbahnhof im Februar 2016 seine möglicherweise vorhandenen Planungen unterbrochen wurden. Festzuhalten ist aber auch, dass Amri das Tatszenario eines terroristischen Anschlags mit einem Sturmgewehr *nicht weiter verfolgte*.

Zum Zeitpunkt der ersten GTAZ-Besprechungen zu Amri Anfang 2016 übermittelte die Polizei NRW ihre gesammelten Erkenntnisse an die Berliner Polizei. Der Grund hierfür war, dass sich Amri mittlerweile überwiegend in Berlin aufhielt.

Für die Informationsübermittlung wählte das LKA NRW den Weg eines sogenannten Behördenzeugnisses, als dessen Mittler das Bundesamt für Verfassungsschutz fungierte. Aus Sicht des LKA NRW hatte ein solches Behördenzeugnis zwei wichtige Vorteile. Erstens waren die übermittelten Informationen in dieser Form vor Gericht verwertbar. Zweitens konnte so die Identität der VP-01, auf die, wie oben gezeigt, zentrale Erkenntnisse zurückgingen, geschützt werden, da diese nicht aktenkundig gemacht werden musste (Deutscher Bundestag 2021, S. 869). Dies war aus Sicht des LKA NRW notwendig, da die Ermittlungen der EK Ventum zu Beginn des Jahres 2016 noch andauerten.

Das mit „Übermittlung eines Behördenzeugnisses – Hinweis auf Anschlagsplanung und Planung eines Eigentumsdeliktes durch Anis AMRI" betitelte Dokument enthielt zentrale Erkenntnisse der Polizei. Zu diesen gehörten Amris Anschlagsabsichten, seine Kontakte in die islamistische Szene und seine Telefonnummer. Das Behördenzeugnis gab auch das Anschlagsszenario wieder, das Amri zu diesem Zeitpunkt verfolgte. Nach der Wiedergabe im Bericht des Untersuchungsausschusses des Bundestags hieß es im Behördenzeugnis, Amri bemühe sich „offensiv, Personen als Beteiligte an islamistisch motivierten Anschlägen im Bundesgebiet zu gewinnen. Er beabsichtige, sich mit Schnellfeuergewehren des Typs AK47 zu bewaffnen, die er über Kontaktpersonen in der französischen Islamistenszene beschaffen könne". Und weiter: „Derzeit plane AMRI zur Beschaffung der nötigen finanziellen Mittel einen Einbruchsdiebstahl" (Deutscher Bundestag 2021, S. 867).

Auf Basis dieser Informationen nahm die Berliner Polizei im Februar 2016 die zentralen Ermittlungen gegen Amri auf.

Zwischenfazit

Das vorliegende Kapitel hat rekonstruiert, dass Amri nach seiner Einreise in die Bundesrepublik in Emmerich untergebracht wurde, nachdem er sich zuvor bei verschiedenen Behörden als asylsuchend gemeldet hatte. In Emmerich fiel er seinen Mitbewohner:innen durch extremistische Ansichten auf. Aufgrund dieser Einstellung wurden kurze Zeit später die Polizeien NRW und Berlin auf ihn aufmerksam. Wie anhand des Zwei-Pyramiden-Modells eingeordnet wurde, ergaben die Ermittlungen, dass sich Amris extremistische Einstellung erstmals im Winter 2015 zu der Absicht zu verdichten schien, einen Anschlag zu begehen. Amri wurde daraufhin als Gefährder eingestuft und Gegenstand von Beratungen im GTAZ. Da er sich zu Beginn des Jahres 2016 schwerpunktmäßig in Berlin aufhielt, übermittelte die Polizei NRW ihre Ermittlungsergebnisse in Form eines Behördenzeugnisses an die Berliner Polizei, die in der Folge für die Ermittlungen gegen Amri zuständig war.

5

Beginn der Berliner Ermittlungen – Oder: die Polizeiliche Fallökologie

Die Berliner Polizei leitete die Ermittlungen gegen Amri ein, nachdem der Generalstaatsanwaltschaft Berlin am 26. Januar 2016 das oben näher in den Blick genommene Behördenzeugnis übersandt worden war. Dass das Behördenzeugnis der Staatsanwaltschaft und nicht etwa der Polizei zuging, lässt sich darauf zurückführen, dass alle polizeilichen Ermittlungen im Bereich der Strafverfolgung formal von Staatsanwaltschaften geleitet werden. In dieser Rolle fungieren sie auch als Kontrollorgan für polizeiliche Ermittlungen.

Bevor mit der Rekonstruktion der Geschehnisse fortgefahren wird, ist es zunächst sinnvoll, polizeiliche Ermittlungen aus einer organisationstheoretischen Perspektive zu betrachten. Der Fokus liegt dabei auf zwei Aspekten: den Typen von Ermittlungen und den ermittelnden Akteur:innen.

Typen von Ermittlungen

Ermittlungen lassen sich nach ihrem Auslöser, ihrer Zielsetzung und ihrer zeitlichen Orientierung unterscheiden. Im Anschluss an die Arbeiten von Jean-Paul Brodeur lassen sich im Rückgriff auf diese Dimensionen zwei Typen von Ermittlungen unterscheiden: *reaktive und ereigniszentrierte* sowie *proaktive und personenbezogene* (Brodeur 2010, S. 200).

Reaktive und ereigniszentrierte Ermittlungen sind typische kriminalpolizeiliche Ermittlungen. Sie sind dadurch gekennzeichnet, dass sie durch ein bestimmtes Ereignis und nicht durch eine Person ausgelöst werden, typischerweise durch eine Straftat, in deren Folge die Polizei Ermittlungen aufnimmt, um den Tathergang und die Täter:innen zu ermitteln. In zeitlicher Hinsicht bedeutet dies, dass die Polizei erst tätig wird, *nachdem* es zu einer Straftat gekommen ist.

Personenbezogene und proaktive Ermittlungen sind typisch für polizeiliche Ermittlungen im Bereich Terrorismus. Anders als beim ersten Typus zielen diese Ermittlungen nicht darauf, eine bereits begangene Straftat aufzuklären, stattdessen soll *eine zukünftige Straftat einer bestimmten Person* verhindert werden. Sie dienen mithin der Prävention und nicht der Aufklärung von Straftaten. Aus diesem Grund finden Ermittlungen dieses Typs weit im Vorfeld von Straftaten statt, also möglichst weit vor der Begehung der eigentlichen Straftat.

Proaktive Ermittlungen werden nicht durch Ereignisse, sondern durch polizeiliche Verdachtsschöpfung und somit organisationsintern ausgelöst. Typischerweise geschieht dies dann, wenn das Verhalten einer Person aus polizeilicher Sicht verdächtig erscheint. Dass proaktive und personenzentrierte Ermittlungen polizeiinterne Auslöser haben, macht auf eine entscheidende Voraussetzung dieses Ermittlungstyps aufmerksam: Um das Verhalten einer Person für verdächtig halten zu können, muss diese Person polizeibekannt sein. Dies ist ein bedeutender Unterschied zu reaktiven Ermittlungen, bei denen die Täter:innen nicht bekannt sind, sondern ausgehend von der Straftat ermittelt werden müssen.

Der Zukunftsbezug von proaktiven Ermittlungen wie auch die mit ihnen verbundene Notwendigkeit, das Verhalten von Personen richtig zu interpretieren, stellen Unsicherheitsfaktoren für Sicherheitsbehörden dar. Im Unterschied zu reaktiven Ermittlungen, die selbstverständlich ebenfalls von Unsicherheiten geprägt sind, ist die Polizei bei proaktiven Ermittlungen mit einer sehr viel grundlegenderen Unsicherheit konfrontiert, nämlich der, *ob überhaupt eine Straftat begangen werden wird*. Eine Konsequenz dieser Unsicherheit ist, dass dieser Ermittlungstyp ein erhebliches Diskriminierungspotenzial birgt, da die Frage, welches Verhalten als auffällig eingestuft wird, ein Einfallstor für Stereotype und Vorurteile aller Art sein kann. Aus diesen Gründen ist die zunehmende Verlagerung der polizeilichen Tätigkeit ins Vorfeld von Straftaten seit Jahren erheblicher Kritik ausgesetzt. Obwohl der Fokus der Ausführungen auf Unsicherheit und nicht auf Diskriminierungen liegt, sind Letztere ein wichtiger Aspekt, den es zu berücksichtigen gilt.

Tab. 5.1 stellt die beiden Typen von Ermittlungen einander gegenüber:

Tab. 5.1 Typen von Ermittlungen. (Quelle: eigene Darstellung)

Eigenschaften	Ermittlungstyp	
	Personenbezogen und proaktiv	Ereignisbezogen und reaktiv
Auslöser	Intern	Extern
Ziel	Verhinderung einer möglichen zukünftigen Straftat	Aufklärung einer begangenen Straftat
Zeitbezug	Zukunft	Vergangenheit

Die Differenzierung der Organisation Polizei

Nachdem die beiden Typen von Ermittlungen betrachtet wurden, wird sich nun der Frage gewidmet, wer ermittelt, womit auch in den Blick kommen wird, wie die Zuständigkeit für Ermittlungen innerhalb der Polizei festgelegt wird. Es wird gezeigt, dass die Festlegung von Zuständigkeit eng mit dem Typ Organisation verbunden ist, um den es sich bei der Polizei handelt.

Ausgangspunkt der folgenden Ausführungen ist, dass es sich bei der Polizei um eine hochdifferenzierte Organisation handelt (Dosdall 2023). Differenziert meint, dass die Organisation Polizei nach Zuständigkeiten gegliedert ist. In Deutschland gilt dies zunächst dahingehend, dass Polizei Ländersache ist, die Polizei also föderal organisiert ist (Frevel und Groß 2016): Jedes Bundesland hat seine eigene Polizei. Daneben existieren auch Polizeien des Bundes, unter denen das BKA und die Bundespolizei die wichtigsten sind. Während das BKA insbesondere als Zentralstelle der Länderpolizeien fungiert und darüber hinaus für den Bereich schwerer internationaler Kriminalität verantwortlich ist, ist die Bundespolizei unter anderem für die Sicherheit auf Bahnhöfen und Flughäfen sowie für den Grenzschutz zuständig.

Neben dieser räumlichen Differenzierung gibt es eine funktionale, die sich aus den unterschiedlichen Aufgaben ergibt, die die Organisation Polizei im Ganzen zu erfüllen hat. Hierbei wird zwischen Schutz-, Kriminal- und Bereitschaftspolizei unterschieden (Monjardet 1996). Vereinfachend lässt sich sagen, dass die Schutzpolizei Ordnung gewährleisten soll, die Kriminalpolizei für die Aufklärung von Straftaten zuständig ist und die Bereitschaftspolizei Ordnungsaufgaben im Kontext von Großveranstaltungen erbringt (Monjardet 1996). In der Praxis verwischen diese Grenzen jedoch des Öfteren. Diesen Unschärfen und Überlappungen wird jedoch nicht weiter nachgegangen. Stattdessen wird die Betrachtung der funktionalen Differenzierung der Polizei vertieft, also ihrer Untergliederung nach Aufgaben, indem das Kategoriensystem betrachtet wird, das dieser Differenzierung zugrunde liegt.

Die funktionale Differenzierung der Polizei folgt einem einfachen Prinzip: Die Delikte, mit denen die Polizei es zu tun hat, werden kategorisiert, also in voneinander abgrenzbare Gruppen von Straftaten unterteilt. Diese Kategorien richten sich nach gesellschaftlich akzeptierten (Crank und Langworthy 1992) und im Rechtssystem hinterlegten Kategorien. Da die Zuständigkeiten für bestimmte kategoriale Delikte festgelegt sind, ergibt sich aus der Kategorisierung einer Straftat auch, wer für ihre Bearbeitung zuständig ist. Insofern ermöglicht das polizeiliche Kategoriensystem die Festlegung eindeutiger Zuständigkeiten für die Bearbeitung bestimmter Typen von Straftaten. Zuständig sind Ermittler:innen nur für diejenigen Straftaten, die in die Kategorie fallen, für deren Bearbeitung die Organisationseinheit verantwortlich ist, in der sie tätig sind. Insofern *impliziert Zuständigkeit immer auch Grenzen der Zuständigkeit,* also Nichtzuständigkeit. Stellen sich Straftaten als falsch kategorisiert heraus, wechselt die ursprünglich festgelegte Zuständigkeit. Verantwortlich ist dann die

Organisationseinheit, die für die Bearbeitung der Deliktskategorie zuständig ist, in die die Straftat nun fällt. An der Kombination aus Kategorisierung und Verantwortlichkeit wird der bürokratische Charakter der Polizei besonders deutlich.

Die vorangegangenen Ausführungen bilden die Grundlage, von der aus nun gefragt wird, wie die Polizei terroristische Straftaten kategorisiert. Denn anders als man vermuten könnte, kategorisiert die Polizei terroristische Straftaten nicht als Terrorismus. Es gibt folglich keine Organisationseinheit, die für sämtliche terroristischen Straftaten zuständig ist. Was auf den ersten Blick kontraintuitiv erscheint, erweist sich auf den zweiten Blick als logisch. Denn terroristische Straftaten sind selten, obwohl sie, wenn sie geschehen, ein erhebliches Ausmaß an medialer Aufmerksamkeit auf sich ziehen. Des Weiteren ist Terrorismus, wie gesehen, kein einheitliches Phänomen. Terroristische Straftaten können aus unterschiedlichen Motiven von unterschiedlichen Akteur:innen begangen werden, die entsprechend ihren ideologischen Überzeugungen in heterogenen radikalen Milieus verankert sein können. Angesichts der Seltenheit und Heterogenität terroristischer Straftaten wäre es organisational kaum sinnvoll, eine Organisationseinheit zu schaffen, die ausschließlich für als Terrorismus deklarierte Delikte zuständig ist.

Im Kategoriensystem der Polizei werden terroristische Straftaten der sogenannten politisch motivierten Kriminalität zugeordnet. Diese Kategorie umfasst jedoch weit mehr als die im engeren Sinne als terroristisch zu bezeichnenden Straftaten. So fallen zum Beispiel auch Propagandadelikte oder Sachbeschädigungen darunter, sofern sie einen politischen Hintergrund haben. Terroristische Gewalt stellt demgegenüber die extremste Ausprägung politisch motivierter Kriminalität dar. Hinsichtlich der organisationalen Zuständigkeiten schlägt sich dies dergestalt nieder, dass terroristische Straftaten aufgrund ihres Schweregrades von den jeweiligen LKÄ bzw. vom BKA bearbeitet werden. Die Ermittlungen bei Propagandadelikten hingegen obliegen eher den Dienststellen der Schutz- oder Kriminalpolizei.

Die Kategorie der politisch motivierten Kriminalität wird ferner nach der jeweiligen ideologischen Ausrichtung untergliedert, die der Tat zugrunde liegt. Typischerweise finden sich mindestens die Unterkategorien linksextremistisch motivierte Kriminalität, rechtsextremistisch motivierte Kriminalität und religiös motivierte politische Kriminalität, wobei die ersten beiden Unterkategorien für unsere Analyse nicht relevant sind.

Die Differenzierung der Kategorie der politisch motivierten Kriminalität unterstreicht, dass es sich bei ihr um eine Oberkategorie handelt. Als solche steht sie im polizeilichen Kategoriensystem auf der gleichen Stufe wie andere Oberkategorien, etwa Organisierte Kriminalität, Allgemeinkriminalität, Wirtschaftskriminalität, Betrug oder Mord. Es ist für die folgenden Ausführungen nicht notwendig, diese Oberkategorien weiter aufzuschlüsseln. Für das Verständnis polizeilicher Ermittlungen ist vielmehr entscheidend, dass politisch motivierte Kriminalität als Kategorie gleichrangig neben anderen Oberkategorien steht.

Das polizeiliche Klassifikationssystem mit seinen Ober- und Unterkategorien spiegelt sich in der Struktur der Organisation Polizei wider. So gibt es in der Regel übergeordnete Organisationseinheiten, die für eine bestimmte Oberkategorie zuständig sind. Im Bereich der politisch motivierten Kriminalität ist dies der sogenannte Staatsschutz. Diesem sind dann Unterabteilungen nachgeordnet, die sich nach den verschiedenen Erscheinungsformen der politisch motivierten Kriminalität differenzieren. In der für Staatsschutz zuständigen Organisationseinheit existieren also Untereinheiten für linksextremistische, rechtsextremistische und religiös motivierte Straftaten.

Generell ist die kategoriale Organisationsstruktur der Polizei wie alle Klassifikationssysteme (Bowker und Star 1999) ein evolvierendes System; das heißt, sie unterliegt einem kontinuierlichen Wandel, ist also prinzipiell änderbar. So war nach dem Anschlag vom Breitscheidplatz zu beobachten, dass einige Polizeien die Untereinheiten für religiös motivierte Kriminalität zu eigenständigen Organisationseinheiten aufwerteten. Aber auch unabhängig von solchen krisenbedingten Änderungen, überführen die Länderpolizeien das Kategoriensystem in teils voneinander abweichende Organisationstrukturen. Gründe dafür sind die unterschiedliche Größe der Länderpolizeien, damit zusammenhängend ihre Ressourcen, aber auch die Häufigkeit bestimmter Delikte. Das kategoriale Grundprinzip bleibt von solchen Modifikationen aber unberührt. Angesichts dessen ist festzuhalten, dass es – unabhängig von organisationsspezifischen Variationen – einen engen Zusammenhang zwischen dem polizeilichen Kategoriensystem und der Organisationsstruktur der Polizei gibt.

Zum Abschluss dieses theoretischen Abschnitts wird sich der Frage zugewendet, inwieweit das polizeiliche Kategoriensystem die gesellschaftliche Realität abbildet. Denn das Kategoriensystem erweckt den Eindruck, dass es die Delikte, mit denen es die Organisation Polizei zu tun hat, akkurat abbilden würde. Tatsächlich aber handelt es sich um ein artifizielles Design (Simon 1981) der Organisation Polizei, das der Realität ihrer gesellschaftlichen Umwelt nur begrenzt entspricht. Dies bedeutet, dass die Polizei ein eindeutig definiertes Kategoriensystem auf eine Umwelt projiziert, die realiter durch Mehrdeutigkeiten, fließende Übergänge und Überschneidungen geprägt ist. Man könnte auch sagen, dass die Polizei eine vielschichtige und mehrdeutige Umwelt mittels einer mentalen Karte ausliest, die aus eindeutig unterscheidbaren Kategorien von Straftaten besteht. Daher existiert ein Komplexitätsgefälle zwischen dem polizeilichen Kategoriensystem und der gesellschaftlichen Realität. Ersteres stellt demgemäß eine Form der Komplexitätsreduktion dar (Luhmann 1984), ist also ein Mittel, um die überkomplexe Umwelt fass- und bearbeitbar zu machen.

Eine Folge des reduktiven Verhältnisses zwischen dem polizeilichen Kategoriensystem und der komplexen Umwelt ist, dass regelmäßig Grenzfälle produziert werden. Bei solchen Grenzfällen handelt es sich um Fälle, die sich nicht eindeutig kategorisieren lassen, weil sie Merkmale verschiedener Kategorien aufweisen. Beispiele hierfür sind Akteur:innen aus der organisierten Kriminalität (Jamieson 2005), die sich terroristischer Methoden bedienen, oder politisch motivierte Gruppierungen, die im Bereich der Rauschgiftkriminalität aktiv sind. Zu denken ist aber auch an terroristische Einzeltäter:innen, deren Ideologie oftmals ein Amalgam aus verschiedenen ideologischen Versatzstücken ist (Gartenstein-Ross et al. 2023). Diese und ähnliche Fälle illustrieren die Künstlichkeit des polizeilichen Kategoriensystems, da den eindeutigen polizeilichen Kategorien keine ebenso eindeutige gesellschaftliche Realität gegenübersteht.

Grundsätzlich lassen sich Grenzfälle organisational entproblematisieren, indem bei Ermittlungen einfach alle zuständigen Ermittlungseinheiten beteiligt werden. Grenzfälle können aber auch die Frage aufwerfen, in welchen Verantwortungsbereich die Ermittlungen eigentlich fallen. Dies ist dann der Fall, wenn Ermittler:innen die verschiedenen Kategorien, die eine Straftat berührt, als widersprüchlich wahrnehmen, wenn also eine Verdächtige nicht als Drogendealerin *und* mögliche islamistische Attentäterin wahrgenomen wird, sondern als Dealerin *oder* Attentäterin. Solche Reibungen provozieren die Frage, um was für einen Fall es sich *eigentlich* handelt. Werden Grenzfälle auf diese Weise problematisiert, impliziert dies die Möglichkeit, den Fall anders zu kategorisieren und dadurch die Zuständigkeit zu ändern – eben weil eine enge Verbindung zwischen Kategorisierung und Organisationsstruktur existiert.

Angesichts der obigen Ausführungen stellt sich die Frage, warum das polizeiliche Kategoriensystem und die ihm folgende Organisationsstruktur im Vergleich zur Umwelt so vereinfacht ist, dass sich beständig Grenzfälle ergeben. Der zentrale Grund dafür ist darin zu sehen, dass keine Organisation die gesellschaftliche Realität in all ihren Nuancen und all ihrer Vielfalt eins zu eins abbilden kann (Luhmann 1984). Ein weiterer Grund ist, dass die Funktion des polizeilichen Kategoriensystems darin besteht, Handlungsfähigkeit zu *organisieren* – durch die Zuweisung von Verantwortung, durch die Abgrenzung von Verantwortungsbereichen und durch die Spezialisierung von Personal. Seine Funktion ist folglich ein organisationale; es dient dementsprechend nicht dazu, die gesellschaftliche Realität phänomenologisch akkurat abzubilden.

Für die weitere Analyse stellt der in diesem Abschnitt diskutierte Zusammenhang von polizeilichem Kategoriensystem und Organisationsstruktur einen maßgeblichen Bezugspunkt dar. Um dies zu plausibilisieren, wird sich nun wieder dem Fall zugewendet.

Verneinung des Verdachts der Vorbereitung einer staatsgefährdenden Straftat

Nach Eingang des Behördenzeugnisses prüfte die Berliner Generalstaatsanwaltschaft, ob sie auf der Grundlage der vorliegenden Informationen ein Verfahren gegen Amri einleiten konnte. Konkret befasste sie sich mit der Frage, ob ein Verfahren nach § 89a Strafgesetzbuch – Vorbereitung einer schweren staatsgefährdenden Straftat – in Betracht kommt (Deutscher Bundestag 2021, 630 f.). Drei Tage nach Beginn der Prüfung äußerte die Generalstaatsanwaltschaft jedoch bereits Zweifel, ob übermittelten Informationen ausreichend waren. Aus Sicht der Generalstaatsanwaltschaft gab es lediglich Hinweise, die im Bereich „strafloser Vorbereitungshandlungen" lagen (Deutscher Bundestag 2021, S. 631). Anders formuliert: Der Generalstaatsanwaltschaft fehlten *konkrete Vorbereitungshandlungen* Amris, um das angestrebte Verfahren einleiten zu können. Diese Einschätzung verfestigte sich in den künftigen Wochen, sodass Ende März 2016 die Möglichkeit eines Strafverfahrens wegen Vorbereitung einer staatsgefährdenden Straftat final verneint wurde (Deutscher Bundestag 2021, S. 631).

Dass die Generalstaatsanwaltschaft sich nicht in der Lage sah, ein Strafverfahren gegen Amri einzuleiten, hinderte die Fortsetzung der polizeilichen Überwachung Amris allerdings nicht. Der Grund dafür war, dass die Überwachung auf einer anderen Rechtsgrundlage beruhte, dem Gefahrenabwehrrecht. Das Gefahrenabwehrrecht erlaubt es der Polizei, im Fall drohender Gefahren in gewissen Spielräumen nach eigenem Ermessen zu handeln. Daher war es der Berliner Polizei möglich, Amri, nachdem er sich hauptsächlich in Berlin aufhielt, zu observieren, obwohl das avisierte Strafrechtsverfahren nicht eingeleitet werden konnte. Angesichts dessen ist die Verneinung der Möglichkeit eines Verfahrens wegen Vorbereitung einer schweren staatsgefährdenden Straftat nicht etwa interessant, weil sie polizeiliche Ermittlungen verhindert hätte. Interessant ist sie vielmehr, weil ihre Begründung ein Schlaglicht auf die Frage wirft, wie die Generalstaatsanwaltschaft den Fall Amri beurteilte.

Der Leitende Oberstaatsanwalt ordnete den Fall Amri vor dem Ausschuss des Bundestages wie folgt ein: „Anis Amri war zu diesem Zeitpunkt [Anfang 2016; Anm. des Verfassers] auch für uns eine Person aus einer Vielzahl junger Menschen, überwiegend Männer, bei denen derartige Verdachtsmomente bestanden" (Deutscher Bundestag 2021, S. 633).

Einer von vielen war Amri, da die Generalstaatsanwaltschaft sich mit der Situation konfrontiert sah, dass die Fluchtmigration und die erhöhte Gefahreneinschätzung (siehe Kap. 3) dazu führten, dass „sich innerhalb des Zustroms von Menschen ein in Relation dazu relativ kleiner Teil von für uns relevanten Menschen befand, deren Identität zumeist völlig ungeklärt war. In absoluten Zahlen bewegte sich ja deren Anzahl jedoch immer noch im dreistelligen Bereich. Bei diesen Menschen gab es Hinweise unterschiedlichster Art, dass sie mit dem Gedanken spielten, einen Anschlag zu begehen, sei es gegen Kuffar, also aus ihrer Sicht Ungläubige, gegen amerikanische Einrichtungen, gegen jüdische Einrichtungen, gegen deutsche oder auch insgesamt gegen europäische Einrichtungen" (Deutscher Bundestag 2021, S. 634).

Daher gab es aus Sicht des Leitenden Oberstaatsanwalts „nüchtern betrachtet […] ein großes Reservoir perspektivloser unterbeschäftigter oder unbeschäftigter junger Menschen, deren Gedankenwelt sicherlich auch mit inspiriert durch die durchaus attraktiv gestaltete Propaganda des IS im Internet darum kreise, zum Märtyrer zu werden. Die Aufgabe für uns bestand darin, hieraus durch Ermittlungen unterschiedlichster Art *diejenigen* herauszukristallisieren, *die tatsächlich einen Anschlag begehen wollten*" (Deutscher Bundestag 2021, S. 634; Hervorhebung durch den Verfasser).

Diese Aussagen unterstreichen, dass Amri für die Generalstaatsanwaltschaft *einen Fall unter anderen* darstellte, *solange* er keine *konkreten Handlungen* unternahm, einen Anschlag vorzubereiten. Da dieser Zusammenhang ein entscheidender Baustein für das Verständnis der polizeilichen Ermittlungen gegen Amri ist, wird er im nächsten Abschnitt vertieft.

Das polizeiliche Fallaufkommen

Setzt man sich rückblickend mit den Gründen auseinander, die zu negativen Ereignissen geführt haben, birgt das immer die Gefahr, dass man den gegenwärtigen Kenntnisstand einfach in die Vergangenheit projiziert. Diese Projektion schafft jedoch eine gegenwärtige Vergangenheit, die sich von der vergangenen Vergangenheit, also der Vergangenheit, wie die Handelnden sie erlebten, unterscheidet, da das Wissen um den Fortgang der Ereignisse unweigerlich in sie einfließt. Will man dem vorliegenden Fall jedoch gerecht werden, ist es notwendig, die vergangene Vergangenheit in ihrer Komplexität sichtbar zu machen.

Die Tendenz, die Vergangenheit aus heutiger Perspektive zu verstehen, zeigt sich im Diskurs über den Anschlag auf dem Breitscheidplatz darin, dass Amri oft als singulärer und für die Sicherheitsbehörden überragend wichtiger Fall verstanden wird. Das war Amri jedoch nicht. Will man stattdessen verstehen, welche Rolle Amri für die Sicherheitsbehörden in der vergangenen Gegenwart spielte, muss man den Fall in den Kontext der anderen Fälle stellen, die die Polizei während der Ermittlungen bearbeitete. Mitdenken muss man dabei zudem, dass zum damaligen Zeitpunkt offen war, ob Amri zukünftig einen Anschlag begehen würde. Mit anderen Worten: Man muss den Fall Amri im Kontext des organisationalen Fallaufkommens bzw. der damaligen Fallökologie betrachten. Mit Fallökologie soll dabei die Gesamtheit der Fälle bezeichnet werden, die die Polizei zum damaligen Zeitpunkt zu bearbeiten hatte (Dosdall und Löckmann 2023).

Erst durch eine solche Kontextualisierung des Falls Amri ist es möglich, die vergangene Gegenwart sichtbar zu machen, weil sich nur so das *genuin Organisationale* der Ermittlungen gegen Amri sichtbar machen lässt. Und eine adäquate Analyse muss daran interessiert sein, dieses organisationale Moment herauszuarbeiten, da Ermittlungen organisierte Fallbearbeitungen sind, also in Organisationen stattfinden und von diesen durchgeführt werden (Büchner 2018). Anders formuliert: Da es keine polizeilichen Ermittlungen ohne Organisationen gibt, müssen Organisationen als breiterer Kontext von Ermittlungen analytisch berücksichtigt werden – und damit auch die organisationale Fallökologie.

Im Folgenden wird daher das organisationale Fallaufkommen zum Zeitpunkt der Ermittlungen gegen Amri rekonstruiert. Zu diesem Zweck wird die in Kap. 3 dargelegte Entwicklung aufgegriffen, indem auf die *organisationalen Konsequenzen des Strategiewechsels des IS und der Fluchtmigration* fokussiert wird.

Die bisherigen Schilderungen haben immer wieder Hinweise darauf geliefert, dass die verschiedenen Länderpolizeien sich ab 2014 mit einem hohen Fallaufkommen konfrontiert sahen. Am klarsten kommt dies sicherlich in der oben zitierten Einschätzung des Leitenden Oberstaatsanwalts zum Ausdruck, die illustriert, dass Amri ein Fall unter vielen war. Diese Einschätzung lässt sich auch mit Zahlen untermauern.

Die Polizei verzeichnete im Juni 2015 und damit zum Zeitpunkt der Einreise Amris 330 Gefährder:innen. Diese Zahl stieg bis zum Juli 2017 auf insgesamt 690 Gefährder:innen, verdoppelte sich also innerhalb von zwei Jahren (Jost 2017, S. 28). Zugleich stieg auch die Zahl der bei der Polizei eingehenden Hinweise auf mögliche Anschläge in der Bundesrepublik stark an. Waren es im Jahr 2015 noch 330 Hinweise, stieg die Zahl im Jahr 2016 auf 440 Hinweise (Deutscher Bundestag 2021, S. 754). Diese Entwicklung spiegelt sich auch bei der Berliner Polizei wider. So gab das für religiös motivierte Kriminalität und somit auch für die Ermittlungen gegen Amri zuständige Kommissariat des LKA Berlin in der Überlastungsanzeige seines Leiters an, dass es 2016 im Bereich der Observationen einen Anstieg von 61 % gegenüber dem Vorjahr gegeben habe (Deutscher Bundestag 2021, S. 672). Bestätigt werden diese Zahlen auch durch den Anstieg der Zahl der Gefährder:innen in Berlin, die von 48 im Jahr 2015 auf 65 im Jahr 2016 und schließlich 90 im Jahr 2017 stieg (Deutscher Bundestag 2021, S. 1087). Ende 2016, also in der Zeit, in der sich der Anschlag ereignete, gab es laut dem Kommissariatsleiter circa 74 Gefährder:innen (Deutscher Bundestag 2021, S. 642). Erinnert sei zudem daran, dass es allein in Nordrhein-Westfalen 15.000 „Prüffälle Islamismus" gab, denen die Behörden nachgingen (siehe Kap. 3 bzw. Deutscher Bundestag 2021, S. 506).

Bei der Einschätzung dieser Zahlen ist es hilfreich, sich in Erinnerung zu rufen, dass die Bezeichnung Gefährder:in keine Aussage über die objektive Gefährlichkeit einer Person beinhaltet. Stattdessen handelt es sich, wie herausgearbeitet, um einen Marker, der Fälle hervorhebt, die aus Sicht der Polizei zu priorisieren sind. Dies bedeutet im Umkehrschluss, dass die Gesamtzahl der relevanten, aber nicht zu priorisierenden Fälle deutlich höher lag. Insofern machen die Zahlen deutlich, dass sich die deutschen Polizeien – parallel zur Entwicklung bei anderen Behörden (Eckhard et al. 2021) – mit einer krisenhaften Situation konfrontiert sahen. Krisenhaft war diese Situation, da die Zahl der zu bearbeitenden Fälle in einem kurzen Zeitraum stark anstieg (Ansell et al. 2010).

Die hohe Zahl möglicher Gefährder:innen bedeutete für die Polizei, dass sie ermitteln musste, welche Gefährder:innen lediglich extremistische Einstellungen vertraten und welche extremistische Handlungen, also tatsächliche Anschläge, planten. Wie die aufgeführten Zahlen zeigen, war der Pool an Personen mit extremistischer Einstellung, die die Anwendung von Gewalt also für gerechtfertigt hielt, groß; so groß de facto, dass auch Amri mit seiner offensiven Ankündigung, in der Bundesrepublik einen Anschlag begehen zu wollen, nur ein Fall unter vielen war; *zumindest, solange er keine Vorbereitungshandlungen unternahm.*

Um zwischen Personen, die extremistisches Verhalten planten und solchen, die „nur" extremistische Meinungen vertraten, unterscheiden zu können, waren polizeiliche Ermittlungen notwendig – und zwar proaktive und personenbezogene Ermittlungen, mit denen eruiert werden konnte, ob einer Ankündigung tatsächlich Vorbereitungshandlungen folgten.

Zwischenfazit

Zu Anfang des Kapitels wurde gezeigt, dass die Ermittlungen der Berliner Polizei gegen Amri begannen, nachdem das Behördenzeugnis übermittelt wurde. Darauf aufbauend wurde zwei Typen von Ermittlungen betrachtet, wobei festgehalten wurde, dass proaktive und personenzentrierte Ermittlungen typisch für den Bereich Terrorismus sind. Gezeigt wurde aber auch, dass dieser Ermittlungstyp mit erheblichen Unsicherheiten einhergeht, da er darauf abzielt, zu bestimmen, ob in Zukunft eine Straftat begangen wird. Aufbauend auf der Betrachtung von Ermittlungstypen wurde anschließend der Frage nachgegangen, wie die Polizei die Ermittlungszuständigkeiten festlegt. Es wurde herausgearbeitet, dass diese Festlegungen auf einem Klassifikationssystem beruhen, auf das die Polizei zurückgreift, um Delikte zu kategorisieren, und das zugleich ihre Organisationsstruktur prägt. Nach diesen theoretischen Hinführungen wurde anschließend die Frage in den Blick genommen, warum die Generalstaatsanwaltschaft Berlin zunächst keine Möglichkeit gesehen hat, gegen Amri ein Verfahren wegen Vorbereitung einer staatsgefährdenden Straftat einzuleiten. In der Hinsicht wurde dargelegt, dass Amri in der vergangenen Gegenwart nur ein Fall unter vielen in der organisationalen Fallökologie war, da ihm keine konkreten Vorbereitungshandlungen nachgewiesen werden konnten.

6

Die Ermittlungen Gegen Amri – Oder: Ermittlungen als Organisationale Routinen

Nachdem Amri zuvor Gegenstand von Ermittlungen in NRW gewesen war, ermittelte ab Februar 2016 die Berliner Polizei gegen ihn. Wie gezeigt wurde, tat sie das auf Basis der Annahme, dass von Amri eine akute Gefahr ausgehe (Deutscher Bundestag 2021, S. 622). Die für diese Ermittlungen herangezogene rechtliche Grundlage änderte sich Ende März 2016, als die Berliner Generalstaatsanwaltschaft gegen Amri ein Verfahren wegen des Verdachts des Versuchs einer Beteiligung an einem Tötungsdelikt einleitete (Deutscher Bundestag 2021, S. 632 ff.). Überantwortet wurden die nun folgenden Ermittlungen dem LKA 54, das als Untereinheit der für polizeilichen Staatsschutz zuständigen Abteilung 5 für Ermittlungen im Bereich religiös motivierter Kriminalität verantwortlich zeichnete.

Für die Ermittlungen genehmigte das Amtsgericht Tiergarten auf Antrag der Generalstaatsanwaltschaft, dass Amri einerseits observiert, andererseits aber auch seine Kommunikation abgehört werden konnte (Deutscher Bundestag 2021, S. 634 f.). Damit standen den Ermittler:innen „fast alle strafprozessual zulässigen Überwachungsmaßnahmen" zur Verfügung, wie der Sonderbeauftragte des Berliner Senats festhielt (Jost 2017, S. 47). Diese Überwachungsmaßnahmen waren insofern die Mittel, um die Unsicherheit über die Absichten und Pläne Amris zu verringern. Diese Unsicherheit wiederum war erheblich, da unklar war, ob Amri tatsächlich plante, einen Anschlag zu begehen.

Im Folgenden werden die Ermittlungen des LKA 54 gegen Amri nachgezeichnet. In einem ersten Schritt werden die Observationen rekonstruiert. In einem zweiten Schritt steht dann die Überwachung der Kommunikation Amris im Fokus. Zuvor werden Ermittlungen jedoch theoretisch eingeordnet. Das Ziel ist es, ein Verständnis von Ermittlungen zu erarbeiten, das diese als Routinen versteht, die auf bestimmten organisationalen Abläufen beruhen. Diese Einordnung ist wichtig, um in einem nächsten Schritt die Rationalität der Ermittlungen gegen Amri, aber auch von Ermittlungen im Allgemeinen betrachten zu können.

Ermittlungen als Routinen

In der medialen Darstellung wird oft der Eindruck erweckt, dass polizeiliche Ermittlungen die individuelle Leistung kleiner Teams von Ermittler:innen wären. Tatsächlich aber stellen Ermittlungen organisationale Routinen dar.

Unter Routinen werden organisationssoziologisch sich wiederholende Handlungsabläufe verstanden, die die Handlungen verschiedener Akteur:innen in Organisationen miteinander verknüpfen (Feldman und Pentland 2003, S. 96). Diese Definition enthält zwei wichtige Aspekte, die aufzuschlüsseln sind.

Ein erster wichtiger Aspekt ist, dass sich Routinen über die Handlungen mehrerer Akteur:innen konstituieren; in ihnen verbinden sich folglich die Handlungen verschiedener Beitragender. Routine bezeichnet in diesem Sinne also nicht individuelles Verhalten, sondern die Verknüpfung von Handlungen zu Handlungsketten.

Ein zweiter wichtiger Aspekt ist, dass nur solche Handlungsketten Routinen sind, die wiederkehrend vorkommen. Folglich sind nicht alle Handlungen in Organisationen Teil von Routinen. Einmalige Handlungsabläufe stellen keine Routinen dar. Damit ist auch gesagt, dass Routinen durch ein reflexives Moment gekennzeichnet sind, das darin besteht, dass die Handlungen, die eine Routine ausmachen, auf weitere Handlungen Bezug nehmen. Ohne diese Bezugnahme würden die Handlungen für sich stehen und wären damit kein Teil einer Routine.

Die vorangegangenen Ausführungen lassen erkennen, dass Routinen vor allem dort anzutreffen sind, wo Organisationen wiederkehrend und arbeitsteilig bestimmte Handlungsabläufe gewährleisten müssen. Das Wissen darum, wie zu bestimmten Routinen beizutragen ist, eignen sich Organisationsmitglieder auf verschiedene Art und Weise an, üblicherweise aber in einer Kombination aus Ausbildung und täglicher Praxis. Darüber hinaus speichern Organisationen Informationen über formale Handlungsabläufe wie Routinen in Artefakten. Bei Artefakten kann es sich um formale Entscheidungsprogramme, Ausbildungsinhalte oder offizielle Vorgaben handeln. Sie sind jedoch nicht die Routinen selbst. Artefakte beinhalten vielmehr Beschreibungen, die erst umgesetzt werden müssen, wenn sie nicht bloße Beschreibungen bleiben sollen (Feldman et al. 2021).

Routinen werden üblicherweise als träge, automatisiert und daher immer gleich ablaufend beschrieben. Neuere Forschungen zeigen jedoch, dass Routinen dynamisch sind und ein erhebliches Variationspotenzial aufweisen (Schütz 2022). Dieses Potenzial lässt sich unter anderem darauf zurückführen, dass Handelnde immer wieder auf neue Situationen reagieren müssen, sodass ihre Handlungen – wenn auch nur geringfügig – von früheren Ausführungen abweichen können. Denkbar ist aber auch, dass die Handelnden die formale Beschreibung einer Routine unterschiedlich interpretieren und dadurch modifizieren. Und schließlich können auch Fehler bei der Ausführung einer Routine, die in diesem Verständnis ebenfalls Abweichungen darstellen, zu Modifikationen führen.

Gut veranschaulichen lässt sich dies an polizeilichen Ermittlungen: Diese folgen in ihrem Grundmuster Abläufen, die sich im Laufe Zeit bewährt haben. Dennoch müssen sie immer wieder an andere Erfordernisse angepasst werden, etwa weil eine Person, die überwacht werden soll, besonders achtsam ist, während eine andere Person sorgloser kommuniziert. Auf diese Weise entstehen ständig Variationen.

Ein weiteres Kennzeichen organisationaler Routinen ist, dass sie durch bestimmte Anlässe ausgelöst werden. Im vorangegangenen Kapitel wurde bereits gezeigt, dass es sich bei diesen Auslösern im Fall polizeilicher Ermittlungen um Straftaten oder Gefährdungseinschätzungen handeln kann. Routinen können also durch organisationsexterne wie auch organisationsinterne Anlässe ausgelöst werden.

Die Auslösung von Routinen durch spezifische Anlässe unterstreicht, dass Routinen den Zwecken einer Organisation dienen. Sie sind folglich keine selbstgenügsamen Einrichtungen, sondern zweckorientierte Handlungsketten (Feldman 2016). Im Fall von Ermittlungen besteht dieser Zweck darin, die Unsicherheit über einen bestimmten Sachverhalt zu minimieren, im Fall Amri also die Frage zu beantworten, ob er tatsächlich einen Anschlag plant. Dafür wiederum stehen den Ermittler:innen in Abhängigkeit von der Verdachtslage unterschiedlich invasive Mittel zur Verfügung.

Bis zu diesem Punkt wurde ein grundlegendes Verständnis von Routinen entwickelt. Dieses Verständnis dient als Basis, den organisationalen Charakter der polizeilichen Ermittlungen gegen Amri genauer zu bestimmen, eben indem seine Routinehaftigkeit aufgezeigt wird.

Die Observation Amris

Seit seiner Ankunft in Berlin im Februar 2016 wurde Amri observiert. Zunächst wurde er zwischen dem 18. Februar und dem 17. März 2016 an insgesamt 15 Tagen observiert. Nachdem Ende März das oben erwähnte Strafverfahren gegen Amri eingeleitet worden war, setzte die Berliner Polizei die Observation fort, sodass Amri nach Angaben eines beteiligten LKA-Beamten bis zum 15. Juni an insgesamt 35 Tagen observiert wurde (Deutscher Bundestag 2021, S. 635). Im Gegensatz zu dieser Aussage zählte der Sonderbeauftragte des Landes Berlin allerdings nur 30 Observationstage (Jost 2017, S. 39). Interessanter als die Diskrepanz ist jedoch der organisationale Ablauf, der der Entscheidung, ob Amri observiert wurde oder nicht, voranging. Denn es ist dieser organisationale Ablauf, der einen genaueren Blick auf die Frage erlaubt, inwieweit die Observation das Verhalten Amris sichtbar machen konnte.

Um zu verstehen, wie die Berliner Polizei zum Zeitpunkt der Ermittlungen gegen Amri Observationen organisierte, muss zur Differenzierung der Organisation Polizei zurückgekehrt werden. In dieser Hinsicht wurde gezeigt, dass die polizeiliche Organisationsstruktur auf der kategorialen Unterscheidung verschiedener Deliktarten fußt, die wiederum Oberkategorien zugeordnet werden. Für das gegen Amri ermittelnde LKA 54, das für Ermittlungen im Bereich religiös motivierter Kriminalität zuständig war, bedeutete dies, dass es Teil der Abteilung Staatsschutz war. Neben dem LKA 54 existierten in dieser Abteilung aber noch weitere Organisationseinheiten, die mit politisch motivierter Kriminalität von links bzw. von rechts befasst waren (siehe Kap. 5).

Damit die weitere Organisation der Observation Amris nachgezeichnet werden kann, muss geklärt werden, wer in der Polizei für Observationen zuständig ist. Diesbezüglich wurde bereits festgehalten, dass polizeiliche Ermittlungen keine Leistungen individueller Ermittler:innen, sondern organisationale Leistungen sind. Am Fall von Observationen wird dies besonders deutlich, da diese – anders als in medialen Darstellungen – nicht von den ermittelnden Beamt:innen selbst, sondern von einem auf Observationen spezialisierten Organisationsteil durchgeführt werden. Im Fall der Ermittlungen gegen Amri handelte es sich dabei um das in der Abteilung 6 angesiedelte LKA 62. An der sich hier abzeichnenden Arbeitsteilung zwischen LKA 54 und LKA 62 zeigt sich der zuvor angesprochene Routinecharakter polizeilicher Ermittlungen. Dieser wird noch deutlicher, wenn man die Schritte rekonstruiert, die notwendig waren, damit das LKA 62 Amri observierte.

Observationen sind ressourcenintensive Polizeieinsätze. Sie erfordern sowohl eine große Anzahl an Observationskräften als auch eine umfangreiche Ausrüstung an Fahrzeugen, Kleidung, Technik, usw. Auf die Organisation von Observationen wirkt diese Ressourcenintensität dergestalt zurück, dass es oft nicht möglich ist, alle polizeilich für notwendig erachteten Observationen auch tatsächlich durchzuführen – da entsprechende Ressourcen fehlen. Die Folge ist, dass über die Priorisierung und Zurückstellung von Observationen entschieden werden muss. Zum Zeitpunkt der Ermittlungen gegen Amri durchliefen Observationen insgesamt drei Filter, die über Priorisierung bzw. Zurückstellung entschieden.

Der erste Filter war das LKA 54 selbst. Dieses musste den Fall Amri im Vergleich zu den anderen Fällen von Gefährder:innen, mit denen das Kommissariat befasst war, als prioritär einstufen, damit ein Antrag auf Observation gestellt werden konnte.

Sodann – und dies war der zweite Filter – musste sich die Einstufung des Falls als prioritär auch auf Abteilungsebene – also auf der Ebene der Abteilung Staatsschutz insgesamt – bewähren. Mit anderen Worten: Der Fall Amri musste nicht nur vom LKA 54, sondern auch vom übergeordneten LKA 5 als prioritär beurteilt werden. Das heißt, er musste sowohl in Relation zu Fällen anderer islamistischer Gefährder:innen als auch in Relation zu Fällen aus den Bereichen Links- und Rechtsextremismus als bedeutsamer – wenngleich nicht unbedingt als wichtigster – Fall eingeschätzt werden. Kurzum: Dem Fall Amri musste in der Fallökologie des LKA 5 über sämtliche Deliktsbereiche hinweg eine herausgehobene Stellung zugestanden werden, wollte man in observieren lassen. Die Entscheidung darüber, welche Fälle des LKA 5 priorisiert werden sollten, wurde einmal wöchentlich im Rahmen einer sogenannten Observationskoordination getroffen (Deutscher Bundestag 2021, S. 623). Für diese Fälle wurden dann Observationsanfragen an das LKA 6 gestellt.

Das LKA 6 war somit der dritte Filter für die Selektion von Observationsanfragen. Diese Filterfunktion war eine direkte Folge der funktionalen Spezialisierung der Polizei: Da das LKA 6 für alle Observationen der Berliner Polizei zuständig war, liefen *alle* Observationsanfragen *aus allen Bereichen der Polizei* bei dieser Organisationseinheit zusammen. Das LKA 6 erhielt also nicht nur Observationsersuche aus dem Bereich des Staatsschutzes, sondern auch Anfragen aus den für Organisierte Kriminalität,

Betäubungsmittelkriminalität, Wirtschaftskriminalität, Betrug, Mord usw. zuständigen Abteilungen.

Es oblag mithin dem LKA 6, zu entscheiden, welche Observationsanfragen aus der gesamten Berliner Polizei vorrangig zu behandeln waren. Um sich die damit verbundene Selektivität vor Augen zu führen, ist es hilfreich, sich erneut zu vergegenwärtigen, dass im LKA 6 ohnehin nur solche Anfragen zusammenliefen, die bereits von den vorhergehenden Entscheidungsinstanzen als dringlich markiert worden waren. Die Notwendigkeit, diese als wichtig erachteten Anfragen nochmals zu priorisieren, ergab sich aus dem Umstand, dass zumeist nicht genügend Ressourcen zur Verfügung standen, um sämtlichen Anfragen nachkommen zu können.

An dieser Stelle werden zwei entscheidende Einsichten möglich. Erstens zeigt sich, dass die Relevanz einzelner Fälle *durch ihre Beziehung zu anderen Fällen, also relational, bestimmt wurde*. Dies bedeutet zweitens aber auch, dass die Entscheidung, dem Fall Amri eine höhere Priorität einzuräumen, zulasten anderer Fälle ging.

Welche Fälle das LKA 6 dann tatsächlich observierte, entschied es, wie bereits erwähnt, in „eigener Zuständigkeit" (Jost 2017, S. 36). Die folgende Tab. 6.1, deren Daten Jost (2017, S. 37; siehe auch Deutscher Bundestag 2021, S. 635 f.) entnommen sind, gibt einen chronologischen Überblick über den Ablauf des Observationsersuchens im Fall Amri:

Die Übersicht zeigt, dass die Observationen Amris selektiv und als Ergebnis eines Wettbewerbs um Ressourcenzuteilungen stattfanden. Zuvorderst zeigt sich dies daran, dass Amri in den Wochen, in denen er vom LKA 6 observiert wurde, nicht durchgängig unter Beobachtung stand. Selektiv waren aber auch die Observationszeiten und -tage. So wurde Amri nur vom späten Vormittag bis

Tab. 6.1 Observationsanfragen des LKA 54. (Quelle: Jost 2017, S. 37; Deutscher Bundestag 2021, S. 635 f.)

04.04.–10.04.2016	LKA 54 setzt Amri auf Platz 2 seiner Liste, LKA 5 meldet Amri jedoch nicht ans LKA 6
11.04.–17.04.2016	Amri wird auf Platz 2 der Liste des LKA 5 ans LKA 6 gemeldet, jedoch aufgrund mangelnder Kapazitäten nicht observiert
18.04.–24.04.2016	LKA 54 setzt Amri auf Platz 1 seiner Liste, LKA 5 meldet Amri jedoch auf Platz 2 ans LKA 6. Amri wird observiert
25.04.–01.05.2016	LKA 54 setzt Amri erneut auf Platz 1 seiner Liste, das LKA 5 meldet ihn auf Platz 2 ans LKA 6. Amri wird an drei Tagen observiert
02.05.–15.05.2016	Keine Meldung Amris
16.05.–22.05.2016	LKA 5 meldet Amri auf Platz 1 seiner Liste ans LKA 6. Amri wird an zwei Tagen observiert
23.05.–29.05.2016	LKA 54 setzt Amri auf Platz 2 seiner Liste, LKA 5 meldet Amri jedoch nicht ans LKA 6
30.05.– 05.06.2016	LKA 54 setzt Amri auf Platz 2 seiner Liste, LKA 5 meldet ihn auf Platz 1a ans LKA 6. Amri wird vorrangig observiert
06.06.–12.06.2016	LKA 54 setzt Amri auf Platz 1 seiner Liste, LKA 5 meldet ihn auf Platz 2 ans LKA 6. Amri wird an drei Tagen observiert
13.06.–19.06.2016	LKA 54 setzt Amri auf Platz 1a seiner Liste, LKA 5 meldet ihn auf Platz 2a ans LKA 6. Amri wird observiert
ab 20.06.2016	Kein neues Ersuchen des LKA 54, Amri observieren zu lassen

23:00 Uhr observiert, also nicht nachts, und nur zwischen Montag und Freitag, also weder am Wochenende noch an Feiertagen (Jost 2017, S. 38).

Der Grund für die selektive Observation Amris ist, wie bereits angesprochen, in den begrenzten organisationalen Ressourcen zu suchen, die auf die Gesamtheit der relevanten Fälle verteilt werden mussten. Dies zeigt sich insbesondere in den Wochen, in denen Amri aufgrund fehlender Kapazitäten entweder gar nicht observiert wurde oder die ihm ursprünglich vom LKA 54 zugeschriebene Relevanz durch das LKA 5 oder das LKA 6 relativiert wurde. Mitunter wurde die Ressourcenknappheit vom LKA 54 jedoch auch vorweggenommen und Amri gar nicht gemeldet. Ein Ermittler erklärte dies vor dem Untersuchungsausschuss so: „Mitunter wurde der Bedarf, wenn Amri bei uns dann auf Platz zwei stand, weil noch ein Verfahren lief, erst gar nicht weitergeleitet, weil man wusste: Das LKA 6 wird mit der Handvoll Observationsgruppen da nicht weiterkönnen" (Deutscher Bundestag 2021, S. 639).

Besonders deutlich wird der Zusammenhang zwischen Selektivität, Ressourcen und Fallaufkommen bei ganztägigen Observationen. So antwortete ein Ermittler auf die Frage, warum man Amri nicht rund um die Uhr observiert habe, dass man „[b]ei einer 24/7-Observation […] so gut wie kein Observationsteam [habe], was noch intensiv und in der Breite was anderes macht" (Deutscher Bundestag 2021, S. 639). Diese Aussage unterstreicht nochmals, dass der Intensität der Observationen durch die Notwendigkeit, auch andere Fälle zu bearbeiten, Grenzen gesetzt waren, was die Observationen wiederum selektiv werden ließ.

Zusammenfassend lässt sich festhalten, dass Amri nur selektiv observiert wurde und diese Selektivität in der organisationalen Fallökologie, also der Zahl der zu bearbeitenden Fälle, gründete. Die voranstehenden Ausführungen machen zudem auf einen zweiten wichtigen Punkt aufmerksam: Bei Observationen handelt es sich um eine ressourcenintensive polizeiliche Routine. Vor diesem Hintergrund steht im Folgenden die Telekommunikationsüberwachung Amris im Fokus.

Die Telekommunikationsüberwachung Amris

Die Beschlüsse des Amtsgerichts Tiergarten ermächtigten die Polizei, die Telekommunikation Amris – einschließlich einer zweimaligen Verlängerung (Jost 2017, S. 36) – vom 4. April bis zum 21. September 2016 zu überwachen (Deutscher Bundestag 2021, S. 646). In diesem Zeitraum stellte das LKA Berlin insgesamt 7685 Gesprächsverbindungen fest. In 2429 Verbindungen davon kam es zu einem Gespräch, das ausgewertet werden konnte. Zusätzlich zur Überwachung seiner Kommunikation stellten die Ermittler:innen mittels Funkzellendaten Amris Standort fest (Deutscher Bundestag 2021, S. 646).

Um die Gespräche Amris auswerten zu können, nutzten die Ermittler:innen eine Software, die die Gespräche aufzeichnete. Die Bearbeitung der aufgezeichneten Gespräche war Aufgabe von zwei Beamt:innen, der Sachbearbeitung. Diese hörten sich die Unterhaltungen an, um die wichtigsten Informationen herauszufiltern, die sie im Anschluss dokumentierten und an die Ermittler:innen oder die Observationskräfte weiterleiteten (Deutscher Bundestag 2021, S. 646 f.).

Eine zentrale Herausforderung für die Sachbearbeitung ergab sich aus der Tatsache, dass der in Tunesien geborene Amri bei seinen Telefonaten nicht durchgehend Deutsch sprach. Viele Gespräche führte er auf Arabisch und Italienisch. Für die Übersetzung dieser Gespräche musste die Sachbearbeitung Dolmetscher:innen beauftragen. Einmal beauftragt, kamen die Dolmetscher:innen in die Polizeidienststelle, um sich dort – analog zur Sachbearbeitung – mittels polizeilicher Software die aufgezeichneten Gespräche anzuhören (Deutscher Bundestag 2021, S. 647). Anschließend fertigten sie kurze Zusammenfassungen an, die dann der polizeilichen Sachbearbeitung übergeben wurden. Warum gegen Amri ermittelt wurde, wussten die Dolmetscher:innen, die selbst keine Angehörigen der Polizei waren, nicht.

Durch die Notwendigkeit, Dolmetscher:innen für Arabisch und Italienisch hinzuziehen zu müssen, verzögerte sich die Bearbeitung der Gespräche. Hinzu kam, dass die Gesamtzahl der geeigneten Dolmetscher:innen aus Sicht der Polizei eher gering war und die Bearbeitung zudem von deren Verfügbarkeit abhing (Deutscher Bundestag 2021, S. 647). In einem Fall behalf sich eine Beamtin daher mit ihrem Schulitalienisch, um ein Telefonat Amris zu übersetzen – mutmaßlich mit entsprechenden Einbußen an Genauigkeit (Deutscher Bundestag 2021, S. 647).

Die Dolmetscher:innen übersetzten nicht alle Gespräche von Amri. Vielmehr konzentrierten sie ihre Übersetzungsbemühungen auf die Gespräche, die ihnen, nachdem sie sich einen groben Überblick über den Inhalt des jeweiligen Gesprächs verschafft hatten, wichtig erschienen (Deutscher Bundestag 2021, S. 647). Da die Dolmetscher:innen nicht in die konkreten Ermittlungen gegen Amri eingeweiht waren, ist unklar, anhand welcher Kriterien sie einen Sachverhalt als relevant einschätzten. Kontrolliert wurden die Gesprächszusammenfassungen der Dolmetscher:innen nicht, da den Sachbearbeiter:innen die dafür erforderlichen Sprachkenntnisse fehlten. Die Ermittler:innen waren folglich auf die Arbeit der Dolmetscher:innen angewiesen.

Im Rahmen der Aufarbeitung des Anschlags hat der Sonderbeauftragte des Berliner Senats einige Übersetzungen erneut anfertigen lassen. Diese Nachübersetzungen lassen erkennen, dass die Dolmetscher:innen zumindest in einigen Fällen die Gespräche so verkürzten, dass deren Sinn entstellt wurde. Ein besonders eklatantes Beispiel hierfür ist ein Telefonat aus dem Mai 2016, in dem Amri mit einem Bekannten namens Montasser, den er während seiner Haft in Italien kennengelernt hatte und mit dem er in engem Kontakt stand (Deutscher Bundestag 2021, S. 454), und einer weiteren Person sprach. Amri, der sich zum Zeitpunkt des Telefonats in Dortmund aufhielt, berichtete den beiden, dass er bei einem Termin im BAMF einem Dolmetscher gesagt habe, er sei ein politischer Flüchtling aus Ägypten. Der Dolmetscher, so Amri weiter, habe ihn zwar durchschaut, ihm aber auch signalisiert, er solle seine Legende aufrechterhalten. Die ursprünglich angefertigte Übersetzung dieses Telefongesprächs besagte hingegen, dass Amri auf dem Weg nach Dortmund sei und ihm dort ein Gerichtstermin bevorstehe, bei dem es um seinen Asylantrag gehe (Jost 2017, S. 44). In einem anderen Fall aus dem September 2016 gab die Übersetzung Anlass zu der Vermutung, Amri habe versucht, einem zivilen Polizeibeamten Kokain zu verkaufen, während er „die Taschen voller Rauschgift gehabt" habe. Auch diese Information erwies sich durch die Neuübersetzung als falsch (Jost 2017, S. 43).

Nachdem die abgehörten Telefonate Amris zusammengefasst bzw. übersetzt und zusammengefasst waren, mussten die Informationen von den Ermittler:innen aufgearbeitet werden. Diese Aufarbeitung konnte unterschiedliche Aspekte umfassen, unter anderem die Weitergabe von Amris Aufenthaltsort an das Observationsteam, aber auch Ermittlungen zu Hinweisen auf strafrechtlich relevante Handlungen Amris.

Vor dem Untersuchungsausschuss gab der damalige Leiter des LKA 54 zu Protokoll, dass aufgrund der hohen Arbeitsbelastung in vielen Fällen nur zeitversetzt ermittelt werden konnte (Deutscher Bundestag 2021, S. 648). Dies hatte zur Folge, dass viele Hinweise, insbesondere solche, die zeitkritisch waren, weil sie beispielsweise den Aufenthaltsort von Amri betrafen, zum Zeitpunkt der

Ermittlungen nicht mehr relevant waren. Zwar gewann der Sonderbeauftragte des Berliner Senats den Eindruck, dass „die Protokolle in der Regel relativ zeitnah ausgewertet worden seien" (Deutscher Bundestag 2021, S. 648), es finden sich aber auch Vorfälle, die die Aussagen des Leiters des LKA 54 bestätigen. Dazu gehört zum Beispiel der Fall, dass ein Observationsteam „sechs Stunden an einem Objekt" auf Amri wartete, obwohl die TKÜ ergab, dass er „am anderen Ende der Stadt war und gedealt hat" (Deutscher Bundestag 2021, S. 640). Hier lässt sich folglich ein selbstreferentieller Feedbackloop erkennen: Die durch mangelnde Ressourcen bedingte verzögerte Übersetzung der Gespräche neutralisierte stellenweise deren Relevanz.

Die Ausführungen zeigen, dass die Telekommunikationsüberwachung ähnlich wie die Observation durch eine hohe Selektivität gekennzeichnet war. In einem sehr grundlegenden Sinne war diese Selektivität der Vielzahl der von Amri geführten Telefongespräche und den Ressourcen geschuldet, die für eine sorgfältige Auswertung aller Gespräche erforderlich gewesen wären. Darüber hinaus stellte die Abhängigkeit von den Dolmetscher:innen ein zentrales Problem dar. Für die Ermittler:innen waren weder die Kriterien, anhand derer die Dolmetscher:innen Wichtiges von Unwichtigem unterschieden, noch die angefertigten Übersetzungen kontrollierbar. Stattdessen übernahmen sie die Selektivität der Dolmetscher:innen und verstärkten diese dadurch.

Insgesamt lässt die Rekonstruktion der organisationalen Routinen im Kontext von Observation und TKÜ eine hohe Selektivität erkennen. In beiden Fällen beruht diese Selektivität auf dem Missverhältnis zwischen den verfügbaren Ressourcen und den für eine umfassende Überwachung notwendigen Ressourcen. Die Konsequenz dieser Selektivität war, dass die Ermittler:innen nur unvollständige Informationen über das Verhalten und die Absichten von Amri besaßen. Dies dient als Anlass, die Rationalität der Ermittlungen zu reflektieren.

Begrenzte Rationalität

Die zentrale Einsicht der vorangegangenen Ausführungen ist, dass die TKÜ wie auch die Observation Amris durch eine hohe Selektivität gekennzeichnet waren. Weder das Verhalten noch die Kommunikation Amris konnten durchgehend erhellt werden. Stattdessen konnte lediglich ein kleiner Ausschnitt aus einer Vielzahl seiner Handlungen und Kommunikationen polizeilich erfasst werden. An dieser Stelle soll nun weiter ausgegriffen werden, um diesen Aspekt einzuordnen.

Reflektiert man die Rationalität der polizeilichen Ermittlungsroutinen im Lichte der herausgearbeiteten Selektivität, zeigt sich, dass diese nur begrenzt rational waren. Die Idee der begrenzten Rationalität hat ihren Ursprung in den Arbeiten des bereits zitierten Herbert Simon. Sie setzt an der Einsicht an, dass Menschen nicht in der Lage sind, die Konsequenzen ihrer Entscheidungen vollständig zu überblicken. Zum einen reichen die kognitiven Verarbeitungskapazitäten oft nicht aus, um sämtliche Konsequenzen zu durchdenken. Zum anderen sind die Suchkosten für das Unterfangen, alle Folgen einer beliebigen Entscheidung zu erkennen, so hoch, dass sie – oft schon aus Zeitgründen – gar nicht erst auf sich genommen werden. Es bleibt nichts anderes übrig als auf der Basis imperfekten Wissens, also unvollständiger Informationen, und damit begrenzt rational zu entscheiden (Simon 1949).

In analoger Weise waren die polizeilichen Ermittlungsroutinen nur begrenzt rational: Die Ressourcenintensität und das erhöhte Fallaufkommen legten den Ermittlungen Restriktionen auf, die dazu führten, dass die Polizei keine vollständigen Informationen über Amris Verhalten zutage fördern konnte. Dies hatte zur Folge, dass sämtliche nachfolgenden Entscheidungen über die Beurteilung der Gefahr, die von Amri ausging, seine mutmaßliche weitere Entwicklung und den Fortgang der Ermittlungen auf einer unvollständigen Informationsbasis getroffen wurden.

Die Einsicht in die begrenzte Rationalität der Ermittlungen impliziert gleichwohl nicht, dass die Polizei im Falle einer lückenlosen Überwachung Klarheit über Amris Absichten und seine Motive gewonnen hätte. Das hätte so sein können oder auch nicht, bleibt einer nachträglichen Beurteilung in jedem Fall verschlossen und ist daher zwangsläufig spekulativ. Die Beurteilung der polizeilichen Ermittlungsroutinen als begrenzt rational trifft insofern nur eine Aussage über die polizeiliche Informationsgrundlage im Fall Amri. Sie trifft keine Aussage über Amris Pläne zum Zeitpunkt seiner Überwachung.

Abschließend sei angemerkt, dass die Polizei prinzipiell die Möglichkeit gehabt hätte, mehr Ressourcen für die Bearbeitung des Falls Amri zu bündeln, um das Problem der selektiven Ermittlungen zumindest abzuschwächen. Möglich gewesen wäre dies durch die Einrichtung einer Besonderen Aufbauorganisation (BAO). Bei BAOs handelt es sich, wie bereits angesprochen, um temporäre Organisationen, in denen Ressourcen zusammengezogen werden, um einen bestimmten Fall zu bearbeiten. Die Berliner Polizei verzichtete allerdings auf diese Option. Obwohl die Gründe für diesen Verzicht von den Ermittler:innen im Rahmen der Aufarbeitung nicht explizit gemacht wurden, steht zu vermuten, dass der Fall Amri im Vergleich zu anderen Fällen nicht brisant genug war, um die Einrichtung einer solchen BAO zu rechtfertigen. Amri war ein Fall unter vielen, sodass die Schaffung exklusiver Ermittlungsstrukturen für diesen Fall nicht sinnvoll erschien.

Unausweichliche Unvollständigkeit

Die bisherige Argumentation führt vor die Frage, wie die begrenzt rationalen Ermittlungsroutinen zu bewerten sind, die bis zu diesem Punkt herausgearbeitet wurden. Handelte es sich im Fall Amri um defiziente Ermittlungsroutinen oder wird hier ein allgemeineres Merkmal proaktiver und personenzentrierter Ermittlungen zur Verhinderung terroristischer Taten sichtbar?

Im Folgenden wird argumentiert, dass die begrenzte Rationalität kein individuelles Merkmal der hier behandelten Ermittlungen und ihrer Routinen ist. Stattdessen wird gezeigt, dass begrenzte Rationalität als stabiles Merkmal proaktiver und personenzentrierter Ermittlungsroutinen im Bereich Terrorismus verstanden werden sollte. Danach wird die Ausgangsfrage dieses Abschnitts, wie die Selektivität der Ermittlungen einzuordnen ist, im Spiegel dieser Argumentation reflektiert. Zunächst wird jedoch aufgezeigt, warum Ressourcenintensität und hohes Fallaufkommen – die Treiber begrenzter Rationalität – stabile Merkmale proaktiver und personenzentrierter Ermittlungen im Bereich Terrorismus sind.

Die Ressourcenintensität ist ein stabiles Merkmal, da umfangreiche Ermittlungen notwendig sind, um zu erhellen, ob jemand plant, einen Anschlag zu begehen. In einem ersten Schritt müssen dafür die Handlungen der verdächtigten Person möglichst umfassend sichtbar gemacht werden. Die gesammelten Informationen müssen sodann ausgewertet und evaluiert werden, was ebenfalls ressourcenintensiv ist. Hinzu kommt, dass proaktive Ermittlungen aufgrund ihres Zukunftsbezugs keinen natürlichen Endpunkt haben, ab dem mit Sicherheit gesagt werden kann, dass jemand (k)einen Anschlag begeht. Schon die Eigenlogik dieses Ermittlungstyps sorgt daher für einen permanenten Ressourcenaufwand.

Ein hohes Fallaufkommen ist ein weiteres stabiles Merkmal proaktiver und personenzentrierter Ermittlungen im Bereich der Prävention terroristischer Gewalt. Dies wird verständlich, wenn man sich die in Kap. 4 eingeführte Unterscheidung zwischen extremistischen Einstellungen und extremistischen Verhalten ins Gedächtnis ruft. Mit Blick auf die Unterscheidung ist es vor allem die verhältnismäßig kleinere Zahl von Personen, die bereit sind, extremistisch zu handeln, die im Fokus des polizeilichen Interesses stehen. Aus Perspektive der Organisation lässt sich diese Teilmenge von Personen aber nicht von der verhältnismäßig größeren Zahl von Personen unterscheiden, die „nur" extremistische Einstellungen vertreten. Die Folge ist, dass die polizeiliche Aufmerksamkeit beiden Personengruppen gilt. Dadurch wird aber die Zahl der Personen, für die die Polizei sich interessieren muss, größer – eben weil die Polizei im Bereich Terrorismus einen Action Bias (Kap. 3) hat. Selbst die entfernte Möglichkeit, dass eine Person einen Anschlag begehen könnte – und nicht erst der Nachweis konkreter Vorbereitungshandlungen –, führt zu Ermittlungen, um die entsprechende Unsicherheit zu reduzieren. Die unmittelbare Folge ist, dass das polizeiliche Fallaufkommen dazu tendiert, die vorhandenen Ressourcen zu überfordern.

Die Ausführungen erlauben es, einen Zwischengedanken zur Rolle der Fluchtmigration ab 2015 einzuschieben, bevor zum Thema der begrenzten Rationalität polizeilicher Ermittlungen zurückgekehrt wird. Es wurde bereits erwähnt, dass einige Kommentator:innen die Aufnahme von Geflüchteten ab 2015 als „politisch unverantwortlich" gebrandmarkt haben (Hartleb 2018, S. 181). Dahinter steht die Annahme, dass der durch die Fluchtmigration bedingte Anstieg des Fallaufkommens zu einer Überforderung der Sicherheitsbehörden geführt habe und daher ursächlich für die erfolglosen Ermittlungen im Fall Amri gewesen sei. Unbestritten ist, dass das polizeiliche Fallaufkommen im Bereich der Verhinderung terroristischer Gewalt von gesellschaftlichen Entwicklungen beeinflusst wird. So unterliegen auch extremistische Ideologien Konjunkturzyklen, die sich auf das polizeiliche Fallaufkommen auswirken – nicht notwendigerweise, weil sie die objektive Gefährdungslage ändern, wohl aber, weil sie die organisationalen Aufmerksamkeiten und Sensibilitäten beeinflussen. Das Zusammentreffen von Fluchtmigration und IS-Strategiewechsel war zweifellos eine Situation, in der sich die Unsicherheit über mögliche Anschläge und damit das Fallaufkommen der Polizei sprunghaft erhöhte. Zugleich wurde herausgearbeitet, dass präventive Ermittlungen auch ohne solche gesellschaftlichen Entwicklungen durch eine hohe Ressourcenintensität und ein verhältnismäßig hohes Fallaufkommen gekennzeichnet sind. Diese grundsätzlichen Herausforderungen werden im Fall der Ermittlungen gegen Amri durch die Fluchtmigration *und* den Strategiewechsel des IS verstärkt; ursächlich für die Herausforderungen proaktiver und personenzentrierter Ermittlungen sind sie nicht. Kurz zusammengefasst: Ein hohes Fallaufkommen ist charakteristisch für präventive Ermittlungen und nicht das Ergebnis von Fluchtmigration. Dass es darüber hinaus zwischen Fluchtmigration und Terrorismus keinen kausalen Zusammenhang gibt, wurde bereits vermerkt.

An dieser Stelle wird nun die zu Beginn dieses Abschnitts gestellte Frage, wie die begrenzte Rationalität der polizeilichen Ermittlungsroutinen gegen Amri einzuordnen ist, auf Basis der vorangegangenen Ausführungen wieder aufgegriffen. Betrachtet man die Ermittlungen im Kontext des Arguments, dass die begrenzte Rationalität, die sich an den Ermittlungsroutinen gegen Amri beobachten lässt, stabilen Merkmalen dieses Ermittlungstyps geschuldet ist, wird deutlich, dass die Selektivität der

Ermittlungsroutinen bis zu einem gewissen Grad *unausweichlich* war. Sie war also keineswegs nur den individuellen Charakteristika des Falls geschuldet. Insofern ist auch die Einordnung der Ermittlungsroutinen als begrenzt rational keine Aussage über deren Qualität. Sie verrät vielmehr etwas über die Eigenschaften dieses Ermittlungstyps im Kontext Terrorismus. Dies verneint nicht, dass es in den konkreten Ermittlungsroutinen des Falls Amri vielfach Defizite gab – von der mangelnden Koordination zwischen Observationskräften und TKÜ über die unzureichende Übersetzung der Telefonmitschnitte bis hin zur verzögerten Nutzung der TKÜ-Ergebnisse für die Ermittlungen. Allein, die Korrektur dieser Defizite hätte nichts an der grundlegenden Selektivität der Ermittlungsroutinen und der daraus resultierenden begrenzten Rationalität geändert: Sie ist ein strukturelles Merkmal präventiver Ermittlungen.

Zwischenfazit

Das vorliegende Kapitel hat anfänglich argumentiert, dass polizeiliche Ermittlungen Routinen darstellen, da sie darauf basieren, die wiederkehrenden Handlungen verschiedener Akteur:innen zu koordinieren und zu verknüpfen. Der Routinecharakter von Ermittlungen wurde dann an der Observation und der TKÜ Amris veranschaulicht. Die Betrachtung hat gezeigt, dass die polizeilichen Ermittlungsroutinen nur begrenzt rational waren, da die Ressourcenintensität und das hohe Fallaufkommen dazu geführt haben, dass lediglich selektive Informationen über das Verhalten Amris offengelegt werden konnten. Daher gelang es nicht, die Unsicherheit über Amris Pläne zu reduzieren. Abschließend wurde gezeigt, dass der präventive Charakter der Ermittlungen gegen Amri für diese begrenzte Rationalität ursächlich war, sie also nicht auf Fehler reduziert werden kann. Die Verortung der begrenzten Rationalität präventiver Ermittlungen jenseits organisationaler Fehler hat wichtige Implikationen für die Frage, inwieweit zu erwarten ist, dass sich zukünftige Anschläge vermeiden lassen (siehe Kap. 8 und 9). Zunächst aber wird sich den Ergebnissen der Ermittlungen und ihren Folgen gewidmet.

7

Drogen und Terror – Oder: Unsicherheit, Mehrdeutigkeit und Einstellung

In diesem Kapitel steht die Dynamik der Ermittlungen im Fokus. Um diese Dynamik zu rekonstruieren, werden die Ergebnisse der vorangegangenen Kapitel zusammengeführt. In einem ersten Schritt werden dafür die polizeilichen Ermittlungsergebnisse zu den Absichten Amris systematisch aufbereitet und mit Blick auf die organisationale Fallökologie eingeordnet. In einem zweiten Schritt wird gezeigt, welche Dynamik diese Ergebnisse auslösten. Ein besonderes Augenmerk liegt dabei auf der Rekonstruktion der Bedingungen, die dafür sorgten, dass Amri zu einem Grenzfall zwischen zwei Kategorien des polizeilichen Klassifikationssystems werden konnte. Auf diese Weise wird die zentrale Dynamik der Ermittlungen freigelegt. Dadurch werden zugleich die Voraussetzungen dafür geschaffen, eine der Kernfragen des Buches, nämlich die nach den Gründen für die vorzeitige Einstellung der zentralen Berliner Ermittlungen, zu beantworten.

Um ein vollständiges Bild der Entwicklung der polizeilichen Erkenntnisse zu Amri zu erhalten, wird mit der Rekonstruktion der Ermittlungsergebnissen der Polizei NRW begonnen. Dies ist sinnvoll, um die Ergebnisse der Berliner Ermittlungen, die anschließend in den Blick genommen werden, einordnen zu können.

Erste Ermittlungsergebnisse der Polizei Nordrhein-Westfalen

Die ersten Ermittlungsergebnisse, die Amri mit Anschlagsplanungen in Verbindung brachten, lagen Mitte November 2015 vor. Zu diesem Zeitpunkt bestand erstmals der Verdacht, dass Amri einen Anschlag begehen könnte. Dieser Verdacht ging auf Informationen der bereits erwähnten VP-01 zurück (siehe Kap. 4). Da viele der relevanten Ermittlungsergebnisse bereits vorgestellt wurden, wird sich auf eine kurze Rekapitulation beschränkt. Diese ist jedoch notwendig, um die Entwicklung der polizeilichen Erkenntnisse zu Amri und deren organisationale Folgen zu verstehen.

Die VP-01 informierte ihren V-Personenführer im November 2015, dass Amri plane, in Deutschland etwas zu „machen". Sie berichtete weiter, dass sie den Eindruck habe, Amri habe vor, „unbedingt für seinen Glauben [zu] kämpfen" (Deutscher Bundestag 2021, S. 506). Die Polizei NRW nahm daraufhin im Dezember 2015 Ermittlungen auf, die dieses Bild bestätigten: Amri suchte im Internet nach Anleitungen zum Bau von Bomben, er wurde von einem Observationsteam bei der Teilnahme an einem „Trainingsmarsch" beobachtet und es wurde ein Gespräch zwischen Amri und Montasser abgehört, in dem beide davon sprachen, einen Raub zu begehen, um „mit der

Beute Kalaschnikows kaufen zu können" (Deutscher Bundestag 2021, S. 507).

Im Verlauf der Ermittlungen verdichtete sich die Annahme, dass Amri beabsichtigte, einen Anschlag zu begehen. So entstand für die Ermittler:innen im Januar 2016 der Eindruck, dass Amri, Clement B. und Magomed-Ali C. das Gesundbrunnen-Center in Berlin als mögliches Anschlagsziel auspähten. Dem vorausgegangen war der bereits angesprochene Chat zwischen Amri und einem IS-Angehörigen, in dem Amri beklagte, kein „Dugma" zu haben, also mutmaßlich keinen Sprengstoff. Dass Amri in dem Chat in der ersten Person Plural sprach, lässt vermuten, dass ein Anschlag mit mehreren Personen geplant war (Deutscher Bundestag 2021, S. 155). Dass Magomed-Ali C. und Clement B. gemeint sein könnten, liegt nahe, lässt sich jedoch nicht beweisen (Deutscher Bundestag 2021, S. 1210). Anfang Februar wiederum führte Amri ein Gespräch mit einer unbekannten Person aus Libyen. Aus Sicht der Polizei forderte diese Person ihn auf, sich für einen Anschlag herzugeben (Deutscher Bundestag 2021, S. 507), und wollte ihm für diesen Zweck Kontaktpersonen vermitteln (Deutscher Bundestag 2021, S. 155).

Die bis zu diesem Punkt zusammengetragenen Erkenntnisse aus den Ermittlungen der Polizei NRW bestätigen (siehe auch Kap. 4), dass Amri zum Jahreswechsel 2015/2016 eine hohe Bereitschaft entwickelt hatte, seine einstellungsförmige Radikalisierung in die Tat umzusetzen. Gleichzeitig lassen sich in den polizeilichen Erkenntnissen aber auch Mehrdeutigkeiten ausmachen. So kann Amris Teilnahme an dem Trainingsmarsch auch als Ausdruck der Absicht gedeutet werden, sich dem IS anzuschließen. Diese Absicht steht in einem ungeklärten Verhältnis zu Amris Intention, einen Anschlag in der Bundesrepublik zu begehen, da sich die beiden Handlungsoptionen mit hoher Wahrscheinlichkeit gegenseitig ausschlossen. Die hier zutage tretende Mehrdeutigkeit zeigt sich auch mit Blick auf Amris Anschlagsplanungen. Neben einem Anschlag mit Schnellfeuerwaffen erwog er auch einen Sprengstoffanschlag. Amri schien also nicht festgelegt zu sein; wie notiert wurde, lässt sich zudem begründet vermuten, dass aktuelle Geschehnisse wie die Anschläge von Paris seine Absichten beeinflussten (siehe Kap. 3). Ein zentraler Grund für seine Unentschiedenheit dürfte gewesen sein, dass sich die Tatmittel, also Maschinengewehre und Sprengstoff, die Amri andachte, zu diesem Zeitpunkt außerhalb seiner Reichweite befanden – trotz seiner Kontakte zum IS. Unentschieden war Amri aber nicht nur in Bezug auf die Tatmittel, sondern offenkundig auch in Bezug darauf, ob er einen Anschlag allein oder als Teil einer Gruppe begehen sollte. Sein aggressives Werben um Mitstreiter:innen deutet ebenso wie die mutmaßliche Ausspähung des Gesundbrunnen-Centers als Ziel eher auf eine gemeinsame Anschlagsdurchführung hin. Aber auch ein Selbstmordanschlag mit Sprengstoff, von dem ihn ein IS-Angehöriger Anfang Februar zu überzeugen versuchte, scheint eine Option gewesen zu sein.

Insgesamt zeigen die frühen Ermittlungsergebnisse, dass Amris Absichten mehrdeutig waren. So schien Amri zu schwanken, mit welchen Tatmitteln er einen Anschlag begehen sollte, ebenso blieb unklar, ob er allein oder in einer Gruppe zur Tat schreiten sollte. Das Schwanken in seinen Absichten hing vermutlich mit der (Nicht-)Verfügbarkeit von Tatmitteln zusammen, die seine Planungen beeinflusste, zeigt aber eben auch, wie wenig festgelegt seine Pläne waren. Ausdruck dessen ist letztlich auch, dass der Anschlag im Dezember 2016 einem Szenario folgte, das nichts mehr mit den Plänen zu tun hatte, die er ein knappes Jahr zuvor ins Auge gefasst hatte.

Im Folgenden stehen die Erkenntnisse im Vordergrund, die die Polizei bei der Auswertung seines Mobiltelefons gewann.

Erkenntnisse aus der Auswertung des beschlagnahmten Mobiltelefons

Bei seiner Ankunft in Berlin am 18. Februar 2016 wurde Amri, wie bereits dargelegt, am Omnibusbahnhof von der Berliner Polizei offen kontrolliert. Diese Kontrolle, die gegen den Wunsch des LKA NRW erfolgte, das eine Observation Amris favorisierte, dürfte dessen Anschlagsplanungen vorläufig ein Ende gesetzt haben – sei es, weil er sich fortan unter Beobachtung der Polizei wähnte, sei es, weil die Szene, in der er sich bewegte, ihn aufgrund des offenkundigen polizeilichen Interesses an seiner Person nun mied. Im Zuge der Kontrolle beschlagnahmte die Polizei das Mobiltelefon Amris, das in der Folge ausgewertet wurde.

Die Auswertung des konfiszierten Mobiltelefons war durch dieselbe begrenzte Rationalität gekennzeichnet wie die zuvor rekonstruierten Ermittlungsroutinen. Mehrere Angehörige des LKA 54 gaben an, die Auswertung der Handydaten habe eher kursorischen Charakter gehabt. Konkret hieß dies, dass „nicht alle Chats bis ins letzte Detail […] angeguckt" wurden und „nicht alle Chats zur Übersetzung gekommen sind" (Deutscher Bundestag 2021, S. 617). Dies war auch dem Zeitdruck geschuldet, der dadurch entstand, dass Amri „Widerspruch gegen die Beschlagnahme und Durchsicht des Mobiltelefons eingelegt hatte und ein richterlicher Beschluss zur Bestätigung der Rechtmäßigkeit der Beschlagnahme nicht zeitnah eingeholt werden konnte" (Deutscher Bundestag 2021,

S. 617). Die Folge war eine „Grobsichtung" (Deutscher Bundestag 2021, S. 617). Zwar arbeitete ein Beamter nach eigenen Angaben zwei Tage an der Auswertung der Daten. Der Auswertung entging jedoch, dass sich auf Amris Telefon Kontaktdaten zu Personen befanden, „gegen die seit längerem Ermittlungsverfahren liefen" (Deutscher Bundestag 2021, S. 618). Ferner unterlag die Auswertung des Telefons auch technischen Limitationen. So konnten Fotos, die Amri mit einer Schusswaffe und einem „Waffenkoffer" zeigten, erst nach dem Anschlag mittels einer potenteren Analysesoftware ausgelesen werden (Deutscher Bundestag 2021, S. 621). Kurzum, auch die Auswertung des Mobiltelefons war von einer hohen Selektivität geprägt.

Die Daten, die die Berliner Polizei aus dem Mobiltelefon auslesen konnte, untermauerten die bisherigen Erkenntnisse zu Amri. Auf dem Telefon befanden sich Fotos von Amri mit Messer und Machete in Gesellschaft bekannter Islamist:innen, die bestätigten, dass es sich bei ihm um einen potenziell gewaltbereiten Extremisten handelte. „Substantielle Dinge", die „in Richtung Anschlagsplanung o. ä. gegangen" wären, fanden sich hingegen nicht (Deutscher Bundestag 2021, S. 618). Die Daten waren folglich auch nicht belastend genug, um Amri verhaften zu können. Mit einiger Wahrscheinlichkeit hätten auch die Bilder und Kontakte, die bei einer sorgfältigeren Überprüfung hätten gefunden werden können, daran nichts geändert. Nicht zuletzt lag dies daran, dass aus den vorangegangenen Ermittlungen (siehe oben) gegen Amri bereits „weiterreichende Erkenntnisse" zu seinen Absichten vorlagen, die durch die Auswertung der Telefondaten lediglich bestätigt wurden (Deutscher Bundestag 2021, S. 622).

Neben Inhalten, die extremistische Haltungen und Handlungen offenbarten, fanden die Ermittler:innen auch Hinweise auf allgemeinkriminelle Taten wie Körperverletzung und Einbruchsdiebstahl (Deutscher Bundestag

2021, S. 620). Da das polizeiliche Kategoriensystem und die darauf beruhende Organisationsstruktur zwischen religiös bzw. politisch motivierten Straftaten und allgemeinkriminellen und somit unpolitischen Taten unterscheidet, *machte* dies in der Organisationslogik aus Amri in der Folge einen Grenzfall zwischen religiös motivierter und allgemeiner Kriminalität. Diese Entwicklung zeichnet sich hier jedoch erst ab, da zum Zeitpunkt der Auswertung der Telefondaten primär religiös motivierte Pläne für Amri Relevanz zu besitzen schienen. Im Zuge der weiteren Berliner Ermittlungen trat der Charakter Amris als Grenzfall dann stärker hervor.

Zusammengefasst zeigten die polizeilichen Erkenntnisse bis zum Februar 2016 Amris Bereitschaft, einen Anschlag zu begehen. Gleichzeitig machten die Ermittlungsergebnisse auch deutlich, dass Amri neben seinen Anschlagsplänen Interesse an einer Ausreise in das vom IS kontrollierte Gebiet hatte und überdies kriminelle Absichten ohne terroristischen Bezug verfolgte. Hinweise auf eine konkrete Tatvorbereitung ergaben sich nicht. Der Fall Amri stellte sich für die Ermittler:innen also mehrdeutig dar, da unsicher blieb, welche Absichten Amri tatsächlich verfolgte.

Die Berliner Erkenntnisse

Die Ermittlungsergebnisse der Berliner Polizei bis Ende April 2016 reproduzierten, was bereits aus den vorangegangenen Ermittlungen bekannt war. Die vom Bundesministerium des Innern vorgelegte chronologische Aufarbeitung des Behördenhandelns nach dem Anschlag vermerkt dazu trocken: „einerseits islamistisches Gedankengut, andererseits Gespräche über mögliche kriminelle Aktivitäten wie Diebstahl und Betrugshandlungen" (Bundesministerium des Inneren 2017, S. 11).

Ab Mai 2016 verschob sich aus Sicht der Ermittler:innen jedoch der Schwerpunkt von Amris Tätigkeiten. Während bis dahin islamistisch motivierte Überlegungen das Handeln Amris zu dominieren schienen, zeigten die Ergebnisse der seit Mitte April laufenden TKÜ, dass Amri zunehmend mit Betäubungsmitteln handelte und diese auch konsumierte (Jost 2017, S. 53 f.; Deutscher Bundestag 2021, S. 657). Diese Hinwendung zum Handel mit Betäubungsmitteln verstärkte sich in den Folgemonaten. Ein Grund hierfür war vermutlich, dass Amri Geld benötigte, da er seit Mitte Juni 2016 ausreisepflichtig war (Deutscher Bundestag 2021, S. 290) und somit keine staatlichen Leistungen mehr erhielt. Der Handel mit Drogen bot ihm mithin eine Einnahmequelle, um seinen Lebensunterhalt zu bestreiten.

Begleitet wurde die Hinwendung zum Drogenhandel von einer zunehmend instrumentellen Nutzung seiner Kontakte in die islamistische Szene, die ihm nun vor allem dazu dienten, Schlafplätze zu organisieren (Bundesministerium des Inneren 2017, S. 11). Gleichzeitig schien sein Interesse an der Einhaltung religiöser Vorschriften nachzulassen. Einzig im Juni 2016 konnten die Ermittler:innen ein kurzzeitiges Wiederaufflammen seines religiösen Interesses vermerken, als Amri die Absicht bekundete, zu fasten. Allerdings lebte er zu diesem Zeitpunkt in einer Wohngemeinschaft mit zwei Personen, die sich nicht an die religiösen Vorschriften hielten. Auch sonst war Religion laut den Ermittlungen kein wesentlicher Bestandteil von Amris Alltag mehr. Moscheebesuche etwa notierten die Ermittler:innen „kaum noch" (Bundesministerium des Inneren 2017, S. 11), ebenso wenig wie die Teilnahme an religiösen Ritualen (Bundesministerium des Inneren 2017, S. 12). Die Erkenntnisse der Ermittler:innen legten folglich nahe, dass Amri, der sich in Emmerich ein Jahr zuvor noch fanatisch religiös gegeben hatte, zunehmend weniger religiös wurde.

Bereits Mitte April spielte Amri erneut mit dem Gedanken, Deutschland in Richtung des IS-Gebiets zu verlassen. So schrieb er einem der IS-Angehörigen, zu denen er Kontakt hielt: „Ich möchte zu euch kommen, Bruder. [...] Ich könnte nach Tunesien reisen und zu euch kommen, Bruder" (Deutscher Bundestag 2021, S. 479). Das Ansinnen, auszureisen und sich dem IS anzuschließen, formulierte Amri in den nächsten Monaten mehrmals, zuletzt am 5. Oktober 2016, also nur zweieinhalb Monate vor dem Anschlag (Deutscher Bundestag 2021, S. 479).

Amri äußerte im Frühsommer 2016 zudem wiederholt die Absicht, nach Tunesien zurückzukehren (BMI 2017, S. 11). Soweit bekannt, unternahm er jedoch keine Anstrengungen, diese Rückkehrpläne in die Tat umzusetzen. Dies änderte sich allerdings nach der bereits thematisierten Auseinandersetzung in der Neuköllner Shisha-Bar. Im Anschluss an den Streit versuchte Amri, Deutschland in Richtung Schweiz zu verlassen. Wiewohl Amris Ausreiseversuch, so belegen es seine Telefonate (Jost 2017, S. 45), primär dazu diente, sich einer möglichen Strafverfolgung zu entziehen, zeigen weitere Gespräche, dass Amri darüber nachdachte, nach Italien zu gehen und dort längerfristig zu bleiben. Gleichzeitig liegt es nahe, dass die aus seiner Sicht notwendige Flucht aus Deutschland einen willkommenen Anlass dargestellt haben könnte, in einem nächsten Schritt ins IS-Gebiet auszureisen (Deutscher Bundestag 2021, S. 790). Was auch immer seine Anschlusspläne gewesen sein mögen, Amri verabschiedete sich während der Busfahrt in Richtung Schweiz telefonisch von einigen Bekannten und erzählte ihnen, dass er froh sei, Deutschland zu verlassen (Deutscher Bundestag 2021, S. 821). Die Bundespolizei unterband die Ausreise jedoch, wie bereits erläutert, und nahm Amri in Haft, musste ihn aber kurze Zeit später wieder entlassen.

Für die Zeit nach der kurzen Inhaftierung Amris in der JVA Ravensburg, also für die Zeit ab August 2016, liegen nur wenige polizeiliche Erkenntnisse vor; nicht zuletzt, weil die Observation Amris zu diesem Zeitpunkt bereits eingestellt war. Die aus der TKÜ gewonnenen Informationen scheinen die Entwicklungstendenzen der vorangegangenen Monate jedoch zu bestätigen: So habe Amri nach Auffassung der Polizei eine „stärkere Einbindung in die Drogenszene bis hin zum eigenen Konsum harter Drogen wie Kokain und Extasy [sic!]" gezeigt (Bundesministerium des Inneren 2017, S. 12). Eine nachträgliche Analyse der TKÜ-Protokolle kam zu dem Schluss, dass Amri sich innerhalb der Drogenszene „über einen Zeitraum von vier Monaten vom unerfahrenen Mitläufer zum eigenständig agierenden BtM-Verkäufer entwickelte, der auf Kleinhändlerebene gewerbs- und bandenmäßig agierte" (Deutscher Bundestag 2021, S. 710). Religiöse Rituale schien er weiterhin zu vernachlässigen (Bundesministerium des Inneren 2017, S. 12).

Amri als Grenzfall

Die rekonstruierten polizeilichen Erkenntnisse zu Amri zeigen, dass neben die Hinweise auf mögliche Anschlagsplanungen Verdachtsmomente für eine Tätigkeit im Bereich der Betäubungsmittelkriminalität traten. Zugleich schienen seine Kontakte in die islamistische Szene, wie erwähnt, zunehmend instrumentell zu werden, und auch seine religiösen Bezüge lockerten sich, wenngleich Amri weiterhin Kontakte zu IS-Angehörigen unterhielt. Diesen gegenüber äußerte er mehrfach den Wunsch, ins Gebiet des IS – mutmaßlich nach Libyen – ausreisen zu wollen. Eine prominente Rolle in seinen Überlegungen spielte zudem die Möglichkeit, nach Tunesien bzw. später Italien zurückzukehren. Hinweise darauf, dass Amri einen terroristischen Anschlag vorbereitete, ergaben die Ermittlungen in dieser Zeit demgegenüber keine. Es wurde bereits festgehalten, dass dies nicht bedeutet, dass Amri seine Planungen aufgegeben hatte – es ist durchaus denkbar, dass er an ihnen festhielt oder sie gar vorantrieb. In den Ermittlungsergebnissen spiegelte sich dies allerdings nicht wider.

Die kurze Zusammenfassung zeigt, dass der Fall Amri für die Ermittler:innen von Mehrdeutigkeiten und Unsicherheit über seine tatsächlichen Absichten geprägt war. Diese ergaben sich daraus, dass Amri verschiedene Pläne – terroristischer Anschlag in Deutschland und Anschluss an den IS – verfolgte, die angesichts seiner extremistischen Überzeugungen zwar in sich schlüssig waren, sich aber nicht miteinander vereinbaren ließen.

Als Amri ab dem Frühjahr 2016 zunehmend auch im Bereich des Drogenhandels aktiv wurde, verschärfte sich diese Mehrdeutigkeit aus organisationaler Perspektive. Da das polizeiliche Kategoriensystem Betäubungsmittelkriminalität und politisch motivierte Kriminalität als unterschiedliche Deliktsarten behandelt, war der Fall Amri nicht mehr länger nur ein mehrdeutiger, sondern nun auch ein *kategorial mehrdeutiger* Fall. Waren zunächst Amris konkrete Absichten mehrdeutig, war nun auch zunehmend unklar, wie der Fall zu kategorisieren war. Mehr noch: Da das polizeiliche Kategoriensystem und die auf ihm beruhende Organisationsstruktur die Wahrnehmung der organisationalen Umwelt konfigurieren, *machte* diese Struktur den Fall Amri überhaupt erst zu einem Grenzfall – indem sie nahelegte, Amris Verhalten so zu beobachten, als lasse es sich zwei unterschiedlichen Kategorien zuordnen.

Die Charakterisierung des Falls als Grenzfall bedeutet nicht, dass es in der gesellschaftlichen Realität nicht vorkommt, dass Personen sowohl allgemeinkriminelle Straftaten als auch politisch motivierte Anschläge begehen.

Ganz im Gegenteil handelt es sich um ein typisches Vorkommnis (Kenyon et al. 2023). Dass die Polizei Amri als Grenzfall behandelte, impliziert folglich keine substanzielle Aussage darüber, welches Verhalten Einzeltäter:innen entspricht und welches nicht. Vielmehr ist es eine Aussage darüber, *wie die Polizei Amri auf Basis ihrer Struktur beobachtete,* und damit auch eine Aussage darüber, *wie sich die Organisation in die Behandlung des Falls einschreibt.* Die Konstruktion Amris als Grenzfall unterstreicht insofern nochmals, dass es sich bei dem polizeilichen Kategoriensystem und der sich daraus ergebenden Organisationsstruktur der Polizei *nicht* um eine objektive und phänomenologisch exakte Abbildung der Delikte handelt, die die Polizei in ihrer organisationalen Umwelt antrifft (siehe Kap. 5). Stattdessen handelt es sich um eine artifizielle, also künstliche, Struktur, die eindeutige Kategorien auf eine mehrdeutige Umwelt projiziert, mit dem Ziel, klare Zuständigkeiten definieren zu können. Trifft diese Projektion eindeutiger Zuständigkeiten auf Fälle, die Merkmale verschiedener Kategorien aufweisen, also auf Ambivalenz, produziert sie kategoriale Grenzfälle. Solche Grenzfälle wiederum schaffen Unsicherheit, weil sie die Frage aufwerfen, um was für einen Fall es sich eigentlich handelt – allgemeine oder politisch motivierte Kriminalität – und wer eigentlich zuständig bzw. nicht zuständig ist. Den Faktoren, die im Fall Amri die Beantwortung dieser Fragen beeinflussten, wird anschließend nachgegangen.

Steigende Begründungslasten

Die spätestens ab Mai 2016 einsetzende Wandlung des Falls Amri zu einem kategorialen Grenzfall ist ein zentrales Moment in den polizeilichen Ermittlungen gegen Amri. Denn damit verschärfte sich eine bereits im Zusammenspiel von polizeilichem Fallaufkommen und Ressourcenintensität angelegte Entwicklung: Mit zunehmender Dauer der Ermittlungen stiegen die Begründungslasten für deren Fortsetzung.

In Kap. 5 wurde rekonstruiert, dass die Polizei in den Jahren 2015 und 2016 mit einem hohen Fallaufkommen konfrontiert war. In Kap. 6 wurde herausgearbeitet, dass polizeiliche Ermittlungen, die die Verhinderung terroristischer Anschläge zum Ziel haben, ressourcenintensive Tätigkeiten sind. Gemeinsam hatten beide Faktoren zur Folge, dass die Begründungslasten für die Fortführung der Ermittlungen kontinuierlich zunahmen. Diese Zunahme lässt sich plastisch anhand der Gesamtzahl der Gefährder:innen in Berlin im Jahr 2016 illustrieren. Wie gezeigt (Kap. 5), waren es insgesamt 74, von denen sich 35 noch in Berlin aufhielten (Deutscher Bundestag 2021, S. 642). Diese 35 Gefährder:innen waren Gegenstand polizeilicher Routinen, sogenannte Standardmaßnahmen, die in „Gefährderkonzepten" niedergelegt waren und regelmäßig durchgeführt werden mussten. Dazu gehörten unter anderem die „Feststellung von Aufenthaltsorten, die Erstellung von Kontakt- und Bewegungsbildern sowie deren Ausschreibung" (Deutscher Bundestag 2021, S. 641). *Die Einstufung von Personen als Gefährder:innen löste also automatisch bestimmte polizeiliche Routinen aus, die Ressourcen banden.* Da jedoch nicht genügend Ressourcen zur Verfügung standen, um angesichts der Fallzahlen alle vorgesehenen Maßnahmen durchzuführen, standen die Ermittler:innen vor einem „ständigen Priorisierungsproblem" (Deutscher Bundestag 2021, S. 641). Einzelne Fälle ließen sich folglich nur zulasten anderer Fälle priorisieren (Deutscher Bundestag 2021, S. 642).

Die Ausführungen demonstrieren, dass die organisationale Fallökologie es erforderlich machte, die Entscheidung über den Einsatz der knappen Ermittlungsressourcen zu legitimieren. Die daraus erwachsenden Begründungslasten begleiteten die Ermittlungen von Beginn an. Zugleich stiegen die Begründungslasten im Laufe der Ermittlungen immer weiter an. Verantwortlich dafür waren mindestens drei Faktoren.

Erstens wurde es umso plausibler, dass Amri keine Anschlagspläne verfolgte, je länger keine Belege dafür gefunden werden konnten. Dies machte es vor dem Hintergrund des Fallaufkommens schwieriger, die Priorisierung Amris aufrechtzuerhalten und zu legitimieren. Zweitens kamen im Laufe der Zeit neue Fälle hinzu, die von der Polizei zu bearbeiten waren. Auch wenn keine konkreten Daten zu den Fallzahlen vorliegen, belegen die mehrfach zitierten Zahlen, dass die Menge der Gefährder:innen im Laufe des Jahres 2016 anstieg. Drittens nutzen sich Ermittlungsroutinen wie Observationen nach und nach ab, weil – so paraphrasiert der Abschlussbericht des Untersuchungsausschusses des Bundestags einen Ermittler – „jeder irgendwann bemerke, dass er observiert werde" (Deutscher Bundestag 2021, S. 643).

Neutralisieren ließen sich die Begründungslasten nur durch den Nachweis einer konkreten Tatvorbereitung Amris. Das heißt, nur wenn sich die Hinweise darauf verdichtet hätten, dass Amri extremistische Handlungen verfolgte und nicht nur extremistische Einstellungen teilte, dass er also – um noch einmal den bereits zitierten Generalstaatsanwalt zu Wort kommen zu lassen – mehr war als eine „Person aus einer Vielzahl junger Menschen […], bei denen derartige Verdachtsmomente bestanden" (Deutscher Bundestag 2021, S. 633 f.), hätte die Dynamik stetig steigender Begründungslasten gestoppt werden können. Der Nachweis einer konkreten Tatvorbereitung hätte alle Unsicherheit beseitigt und unweigerlich zu einer Priorisierung Amris geführt. Die Ermittlungen lieferten diese Hinweise jedoch nicht; stattdessen zeichneten sie das Bild einer radikalisierten Person, die in ihren Absichten und Plänen schwankend und keineswegs eindeutig war. Mit anderen Worten: Die Ermittlungen ergaben „an keiner Stelle", dass Amri „eine staatsgefährdende Tat vorbereitet hat" (Deutscher Bundestag 2021, S. 656).

Vor diesem Hintergrund verschärfte die kategoriale Mehrdeutigkeit, die der Fall Amri ab Mai 2016 annahm, die Begründungslasten für die Ermittler:innen noch einmal deutlich. Denn es blieb angesichts fehlender Anhaltspunkte nicht nur unklar, ob Amri überhaupt einen Anschlag plante. Vielmehr war auf einmal auch unklar, ob das für religiös motivierte Gewalt, nicht aber für Betäubungsmittelkriminalität zuständige LKA 54 überhaupt für ihn zuständig war. *Der Übergang von der Frage, ob Amri einen Anschlag begehen wird, zu der Frage, ob Amri eher Drogendealer als Terrorist ist, markierte somit den Übergang von einem mehrdeutigen zu einem kategorial mehrdeutigen Fall.*

Diese kategoriale Mehrdeutigkeit konfrontierte die Ermittler:innen zunehmend mit der Frage, ob es noch länger zu rechtfertigen war, Ermittlungsressourcen für einen Fall aufzuwenden, der aus ihrer Sicht mittlerweile in den Bereich der Betäubungsmittelkriminalität gehörte – während das LKA 54 gleichzeitig gegen eine Vielzahl anderer Gefährder:innen zu ermitteln hatte. Dieser Zusammenhang kommt in der Aussage eines Ermittlers vor dem Untersuchungsausschuss des Bundestags zum Ausdruck. So habe man sich ab Mai 2016 wieder und wieder selbst fragen müssen: „Wie lange lauft ihr denn noch einem Rauschgifthändler hinterher und erkennt gar nicht, dass ihr hier noch eine ganze Palette an anderen Gefährdern habt?" (Deutscher Bundestag 2021, S. 642).

Das Zitat illustriert nochmals, dass aufgrund des hohen Fallaufkommens und der Ressourcenintensität der Ermittlungen kontinuierlich die Begründungslasten für die

Fortführung der Ermittlungen stiegen. Es lässt aber auch erkennen, dass die Toleranz der Ermittler:innen für die kategoriale Mehrdeutigkeit des Falls Amri nach und nach abnahm. Mit anderen Worten: Angesichts des hohen Falllaufkommens und der begrenzten Ressourcen sank die Bereitschaft der Ermittler:innen, weiterhin Ressourcen in einen Fall zu investieren, der anscheinend nicht länger in ihren Zuständigkeitsbereich fiel. Diese Entwicklung deckt sich mit Erkenntnissen aus der Organisationsforschung, die zeigen, dass die Toleranz für Mehrdeutigkeiten von der Verfügbarkeit von Ressourcen abhängt; sind genügend Ressourcen vorhanden, wird Mehrdeutigkeit toleriert, wohingegen unzureichende Ressourcen den gegenteiligen Effekt haben (Weick 1987).

Vereindeutigung und Einstellung

Die steigenden Begründungslasten und die damit einhergehende abnehmende Toleranz für die Mehrdeutigkeit des Grenzfalls Amri führten im Sommer 2016 dazu, dass die Ermittler:innen Amri als einen Fall der Betäubungsmittelkriminalität vereindeutigten. Diese Vereindeutigung machte sich das polizeiliche Kategoriensystem zunutze, das zwischen politisch motivierter und allgemeiner Kriminalität trennt und die Bearbeitung der entsprechenden Delikte unterschiedlichen Organisationseinheiten zuweist. Die Trennung beider Bereiche machten sich die Ermittler*innen zunutze, indem sie sie zu der Annahme zuspitzten, dass sich Amris religiös motivierte Absichten und seine Taten im Bereich der Betäubungsmittelkriminalität gegenseitig ausschlössen. Diese Unterstellung kulminierte in einer heuristischen Entscheidungsregel: „wenn (unislamische) Betäubungsmittelkriminalität, dann kein Anschlag" (Dosdall und Löckmann 2023, S. 198).

Nach dem Anschlag kritisierten viele Beobachter:innen die Unterstellung, dass allgemeinkriminelle Taten in einem Widerspruch zu religiös motivierten Anschlägen stünden. Sie wiesen auf wissenschaftliche Studien hin, die gezeigt haben, dass Einzeltäter:innen sowohl allgemeinkriminelle als auch religiös motivierte Absichten verfolgen können (z. B. Kenyon et al. 2023). Wie bereits erwähnt, ist diese Kritik phänomenologisch richtig. Und doch geht sie am Kern der Gründe vorbei, die die Annahme eines Ausschlussverhältnisses zwischen allgemeiner und terroristischer Kriminalität motivierten. Wie gezeigt, war es die Ermittlungsdynamik aus hohem Fallaufkommen, steigenden Begründungslasten und ausbleibenden Beweisen für konkrete Planungen Amris, die Anreize dafür setzte, Amri als einen Fall der Allgemeinkriminalität zu vereindeutigen. Denn eine Vereindeutigung des Falls eröffnete die Option, ihn in eine andere Abteilung „abschieben" zu können – und damit mehr Ressourcen für die Priorisierung anderer Fälle zur Verfügung zu haben. Die Entscheidung zur Vereindeutigung basierte folglich nicht auf einem unzureichenden Verständnis von Einzeltäter:innen; *sie hatte organisationale Gründe*. Der organisationale Charakter dieses Prozesses wird noch deutlicher, wenn man einen weiteren Kritikpunkt betrachtet.

Ein zweiter Kritikpunkt an den Ermittlungen findet sich im Bericht des Sonderbeauftragten des Berliner Senats sowie in der nachträglichen Aufarbeitung der Ermittlungen des LKA 54 durch die Task Force Lupe, stammt also aus der Polizei selbst. Die Kritik setzt deutlich handwerklicher an, indem sie beanstandet, dass das LKA 54 die Erkenntnisse über Drogengeschäfte nicht konsequent genutzt habe, um Amri auf diesem Wege in Haft zu nehmen. Wäre dies gelungen, wäre die von Amri ausgehende potenzielle Anschlagsgefahr durch seine Inhaftierung neutralisiert worden. Aus der hier eigenommenen Perspektive wird jedoch deutlich, dass der primäre Grund, Amris Drogendelikte nicht zum Mittelpunkt der Ermittlungen zu machen, organisationaler Natur war. Schließlich hätte eine intensive Strafverfolgung Amris wegen seiner Drogendelikte dazu geführt, dass das für religiös motivierte Kriminalität zuständige LKA 54, statt sich seinem originären Aufgabenbereich zu widmen, weitere Ressourcen in einen Fall investiert hätte, dessen Vereindeutigung als Fall der Betäubungsmittelkriminalität es gerade ermögliche, ihn in eine andere Zuständigkeit abzugeben. Kurzum: Der Verzicht darauf, Amris Drogendelikte in den Mittelpunkt der Ermittlungen zu stellen, war Ausdruck derselben organisationalen Gründe, aus denen der Fall der Betäubungsmittelkriminalität zugeordnet und dadurch vereindeutigt wurde. Insofern verdeutlicht auch dieser Kritikpunkt, wie stark die rekonstruierte organisationale Dynamik die Ermittlungen prägte.

Die operative Folge der Vereindeutigung des Falls war, dass die Ermittler:innen ab Mitte Juni keine neuen Observationen Amris beantragten. Laut eigener Aussage sahen sie „einfach keine Argumente dafür […], ihn weiterhin höher zu priorisieren" (Deutscher Bundestag 2021, S. 641). Diese Sichtweise bestätigte auch der Leitende Oberstaatsanwalt, „zumal er in seinem eigenen Bereich andere Verfahren führte, die brisanter erschienen" (Deutscher Bundestag 2021, S. 645). Die Einstellung der Observationen war gleichbedeutend mit der Einstellung der Ermittlungen gegen Amri wegen des Verdachtes der Vorbereitung eines terroristischen Anschlags, da sie dokumentierte, dass die Ermittler:innen Amri nicht mehr länger als relevanten Fall ansahen.

Die faktische Einstellung dieser Ermittlungen wurde im August 2016 formalisiert (Deutscher Bundestag 2021, S. 657 ff.). Nach einer Besprechung entschied der Leitende Oberstaatsanwalt, den Fall Amri an die für Betäubungsmittelkriminalität zuständige Direktion abzugeben. Damit entsprach er auch dem sogenannten Legalitätsprinzip, also der gesetzlichen Verpflichtung der Sicherheitsbehörden, bei Anhaltspunkten für Straftaten Ermittlungen aufzunehmen. Um die Übergabe an die für Betäubungsmittelkriminalität zuständige Abteilung vorzubereiten, beauftragte der Leitende Oberstaatsanwalt das LKA 54, die Ermittlungen bis zum Auslaufen der TKÜ-Genehmigung Mitte September fortzuführen. Gleichzeitig sollten die vorliegenden Ermittlungsergebnisse für die zukünftig zuständigen Beamt:innen aufbereitet werden, um einen reibungslosen Übergang zwischen den Ermittlungen zu ermöglichen. Tatsächlich aber kam das LKA 54 der staatsanwaltschaftlichen Aufforderung nicht nach, verfolgte den Fall also nicht weiter (Bundestag, 2021, S. 658f.). Nachdem Mitte September 2016 die TKÜ beendet worden war, wurde Amri nicht mehr überwacht und konnte seinen Anschlagsplanungen ohne sicherheitsbehördliche Aufmerksamkeit nachgehen.

Zwischenfazit

In diesem Kapitel wurden zunächst die Ermittlungsergebnisse zu Amri rekonstruiert. Es hat sich gezeigt, dass sich in den selektiven Erkenntnissen zu Amri widerspiegelt, dass neben seine Absicht, einen Anschlag zu begehen, der Handel mit Betäubungsmitteln trat. Die Folge war, dass Amri, dessen Pläne immer schon widerspruchsvoll waren, von einem mehrdeutigen zu einem *kategorial mehrdeutigen* Fall wurde. Organisational bedeutete dies, dass Amri zu einem Grenzfall zwischen religiös motivierter Kriminalität und Betäubungsmittelkriminalität wurde. Die angesichts des hohen Fallaufkommens steigenden Begründungslasten bei ausbleibenden konkreten Hinweisen auf eine

Anschlagsplanung hatten zur Folge, dass die Toleranz der Ermittler:innen für den kategorial mehrdeutigen Grenzfall Amri sank. In der Konsequenz vereindeutigten sie den Fall in Bezug auf die polizeiliche Organisationsstruktur als Fall der Betäubungsmittelkriminalität. Dieser Schritt erlaubt es, die Ermittlungen in eine andere Zuständigkeit abzugeben.

8

Ermittlungen und Zeit

Terroristische Anschläge zu verhindern, ist eine Aufgabe, die in modernen Gesellschaften ausschließlich in der Verantwortung von organisierten Akteuren liegt. Mit einem Begriff aus der Organisationsforschung könnte man sagen, dass sich um die Aufgabe der Prävention terroristischer Anschläge ein organisationales Feld konstituiert. Zu diesem organisationalen Feld gehören sehr unterschiedliche Akteure (Dosdall 2023), die zum Teil sehr unterschiedliche Aufgaben zu erfüllen haben. Die Vielfalt der beteiligten organisierten Akteure lässt sich eindrücklich am Fall Amri demonstrieren, mit dem im Laufe der Zeit mehrere Dutzend Behörden befasst waren. Zu diesen gehörten Ausländerbehörden in verschiedenen Bundesländern, die Amris Unterbringung regeln, das für seinen Asylantrag zuständige BAMF sowie verschiedene Länderpolizeien, deren Ermittlungen die vorangegangenen Seiten analysiert haben.

Die (Omni-)Präsenz organisierter Akteure im Bereich der Terrorismusprävention macht deutlich, dass es für ein Verständnis des gesellschaftlichen Umgangs mit Terrorismus notwendig ist, die Dynamiken und Prozesse zu verstehen, die das Handeln organisierter Akteur:innen beeinflussen. Denn Organisationen mit ihren Aufgaben und den daraus resultierenden Beziehungen zu ihrer gesellschaftlichen Außenwelt, mit den ihnen zur Verfügung stehenden Ressourcen und mit ihrer Fallökologie stellen die entscheidende Handlungsebene dar.

Die analytische Relevanz von Organisationen gilt insbesondere mit Blick auf polizeiliche Ermittlungen, sind diese doch Organisationsleistungen. Will man komplexen organisierten Vorgängen wie Ermittlungen analytisch gerecht werden, ist es daher entscheidend, organisationale Dynamiken in den Blick zu nehmen. In der Aufdeckung dieser Komplexität liegt zugleich der Gewinn einer organisationalen Perspektive auf den polizeilichen Umgang mit Terrorismus. Denn, so viel sollte deutlich geworden sein bis zu diesem Punkt, ohne die Organisation als zentrale Handlungsebene analytisch zu berücksichtigen, ist es nicht möglich, ein angemessenes Verständnis polizeilicher Ermittlungen im Kontext der Verhinderung terroristischer Anschläge zu entwickeln. Dieser Aspekt ist umso wichtiger als die organisationale Handlungsebene oft unter der Annahme ausgeklammert wird, Organisationen funktionierten, wie sie sollen. Dass solche eine mechanische Vorstellung von Organisationen gänzlich unrealistisch ist, hat das Buch hinlänglich aufgezeigt.

Vor diesem Hintergrund konzentrierte sich die Analyse auf die organisationalen Dynamiken, die die polizeilichen Ermittlungen im Vorfeld des Anschlags auf dem Breitscheidplatz prägten. Im Mittelpunkt stand dabei die Frage, warum die Berliner Polizei ihre Ermittlungen gegen Amri vorzeitig eingestellt hat. Im Folgenden werden die in den vorangegangenen Kapiteln gegebenen Antworten auf diese Frage zusammengefasst. Im Anschluss daran werden einige generellere Überlegungen angestellt, indem gefragt wird, was aus den Erkenntnissen des vorliegenden Falls für den generellen polizeilichen Umgang mit Anschlägen von Einzeltäter:innen zu lernen ist. Zu diesem Zweck wird, wie in der Einleitung angekündigt, immer wieder auch Amris mutmaßliches Verhalten berücksichtigt. Wiewohl eine solche Betrachtung notwendigerweise spekulative Momente beinhaltet, rechtfertigt der analytische Gewinn, der sich aus dem Kontrast zwischen Organisationshandeln und individuellem Verhalten ergibt, diesen Schritt.

Worüber reden wir?

Terrorismus ist ein vielschichtiges Phänomen. Es umfasst Handlungen unterschiedlichster Akteur:innen zu unterschiedlichen Zeiten (Weinhauer und Requate 2012). Die empirische Bandbreite des Phänomenbereichs reicht von russischen Anarchist:innen im 19. Jahrhundert über sozialrevolutionäre Gruppierungen in den 1970er Jahren bis hin zu den Taten des IS und des Nationalsozialistischen Untergrunds. Diese Bandbreite lässt einerseits bereits erahnen, warum es schwierig ist, das Phänomen Terrorismus einheitlich zu definieren (Richards 2019). Andererseits mahnt sie zu einer Präzisierung dessen, was mit dem Begriff Terrorismus gemeint ist. Bevor sich der Zusammenfassung der bisherigen Erkenntnisse zugewendet wird, gilt es daher, diese Einordnung zu rekapitulieren.

Der Anschlag vom Breitscheidplatz ist ein Fall von Einzeltäter:innen-Terrorismus. Obwohl Amri vom IS ideologisch ge- und unterstützt wurde, hat er seine Tat allein geplant und durchgeführt. Dafür bediente er sich einfacher und niedrigschwelliger Tatmittel. Neben einer

Schusswaffe war ein gestohlener Lkw sein primäres Tatmittel. Um diese Tatmittel in seinen Besitz zu bringen, war Amri zudem auf begünstigende Umstände angewiesen; wie gezeigt, musste er einen Lkw samt Fahrer:in finden, um an den Fahrzeugschlüssel zu gelangen.

Terroristische Anschläge, die von Einzeltäter:innen ausgeführt werden, sind von Anschlägen zu unterscheiden, die von Gruppen wie dem NSU oder Organisationen wie dem IS begangen werden. Diese Unterscheidung zu treffen, ist analytisch angezeigt, da Gruppen und insbesondere Organisationen in weitaus höherem Maße in der Lage sind, Ressourcen für Anschläge zu organisieren. Auch sind sie in der Lage, weitaus komplexere Anschläge zu begehen als Einzeltäter:innen. Aufgrund dessen fordern Anschläge von Gruppen und Organisationen in der Regel mehr Opfer als diejenigen von Einzeltäter:innen (Kenyon et al. 2023).

Zugleich zeichnen sich Gruppen und Organisationen aber auch durch eine im Vergleich zu Einzeltäter:innen gesteigerte Sichtbarkeit aus. Der Grund dafür ist, dass die Koordination der einzelnen Mitglieder eine höhere Kommunikationsdichte erzeugt als bei Einzeltäter:innen. Die Kehrseite der Fähigkeit, komplexere Anschläge zu begehen, ist also die Sichtbarkeit. Einzeltäter:innen hingegen sind der Polizei vor Anschlägen nur dann bekannt, wenn sie in anderen Zusammenhängen auffällig geworden sind – etwa, weil wie im Fall Amri bereits wegen extremistischer Äußerungengegen sie ermittelt wird und sie im Rahmen anderer Ermittlungen aufgefallen sind.

Die Ausführungen wiederholen eines der Kernargumente des vorliegenden Buches: Es macht für polizeiliche Ermittlungen einen Unterschied, ob ihr Gegenstand Einzeltäter:innen oder Gruppen bzw. Organisationen sind. Anders formuliert: Es ist von grundsätzlicher Bedeutung, mit welcher Art von Akteur:innen, die sich des

Mittels Terrorismus bedienen, polizeiliche Ermittlungen konfrontiert sind. Die Ergebnisse der vorliegenden Analyse sind daher nicht vorbehaltlos auf polizeiliche Ermittlungen gegen Gruppen und Organisationen übertragbar. Die organisationale Dynamik der Ermittlungen im Fall Amri wurde durch die Merkmale ermöglicht, die Einzeltäter:innen prägen, ist also spezifisch für polizeiliche Ermittlungen gegen Einzeltäter:innen. Bevor dieses Argument vertieft wird, werden die zentralen Ergebnisse der Analyse zusammengefasst.

Erklärungsmodell für die Einstellung der polizeilichen Ermittlungen gegen Amri

Die maßgeblichen polizeilichen Ermittlungen gegen Amri wurden ab Februar 2016 von der Berliner Polizei geführt. Es handelte sich um proaktive und personenzentrierte Ermittlungen, die darauf abzielten, die Frage zu klären, ob Amri tatsächlich einen Anschlag plante, und diesen gegebenenfalls zu verhindern. Stützen konnten sich diese Ermittlungen auf die Vorarbeit der Polizei NRW, in deren Visier Amri bereits kurz nach seiner Einreise in die Bundesrepublik im Juli 2015 geraten war.

Die Berliner Ermittlungen fanden vor dem Hintergrund zweier Entwicklungen statt, die sich auf das Fallaufkommen der Polizei auswirken. Die erste dieser Entwicklungen war die Fluchtmigration ab 2015, auf die die Sicherheitsbehörden mit der Sorge reagierten, dass sich unter den Flüchtenden Personen befinden könnten, die Anschläge begehen wollen. Zu dieser wachsenden Sorge trug als zweite Entwicklung der Strategiewechsel des IS angesichts zunehmender Gebietsverluste bei. Dieser sah vor, Anhänger:innen des IS dazu zu motivieren, Anschläge in Europa zu begehen. In der Folge kam es zu einer Reihe von Anschlägen durch Einzeltäter:innen und Gruppen, die ihren Anfang 2014 in Brüssel nahm.

Die organisationale Konsequenz dieser Entwicklungen für die Sicherheitsbehörden war, dass die Zahl der Gefährder:innen sprunghaft anstieg. In großen Teilen war dieser Anstieg der erhöhten Sensibilität gegenüber dem islamistischen Terrorismus geschuldet, die aufseiten der Polizei zu einem Action Bias führte.

Für die ab Februar 2016 laufenden Berliner Ermittlungen gegen Amri sorgte diese Ausgangskonstellation dafür, dass Amri nur ein Fall unter vielen war. Wenngleich heute klar ist, dass es sich bei Amri um einen herausragenden Fall handelte, war er dies in der vergangenen Gegenwart nicht. Zugleich waren die Ermittlungen sehr ressourcenintensiv, da sie sowohl die Observation als auch die Überwachung der Kommunikation Amris umfassten.

In Kombination mit dem hohen Fallaufkommen führte die Ressourcenintensität dazu, dass die Ermittlungen von Beginn an hohe Begründungslasten produzierten. So musste immer wieder neu begründet werden, warum weiterhin Ressourcen für diesen Fall aufgewendet werden sollten, obwohl gleichzeitig eine Vielzahl weiterer Fälle zu bearbeiten war. Die polizeiliche Fallökologie stellte die Weiterführung der Ermittlungen daher permanent unter Vorbehalt.

Die Begründungslasten hätten den weiteren Ermittlungen nicht entgegengestanden, solange sich Beweise dafür hätte finden lassen, dass Amri nicht nur die Absicht kommunizierte, einen Anschlag zu begehen, sondern auch Handlungen zur Umsetzung dieser Absicht unternahm. Tatsächlich ergaben die Ermittlungen jedoch ein mehrdeutiges Bild: Amri hatte zwar nach wie vor Kontakt zum IS und ließ Anschlagsabsichten erkennen, er plante aber auch, Deutschland zu verlassen. Zudem schien seine stark ausgeprägte Religiosität, die in Emmerich seine Mitbewohner:innen so irritiert hatte, dass sie ihn der Polizei meldeten, tendenziell abzunehmen. Auch nutzte er seine Kontakte in die islamistische Szene zunehmend instrumenteller – es ging ihm vorrangig um Jobs, Wohnungen oder Schlafmöglichkeiten.

Diese polizeilichen Erkenntnisse basierten auf nur begrenzt rationalen Ermittlungsroutinen. Begrenzt rational waren sie deshalb, weil sie Amris Verhalten nur selektiv sichtbar machen konnten. Die durch die Ermittlungsroutinen generierten Informationen waren daher unvollständig. Dennoch waren sie die einzige verfügbare Grundlage, auf der Entscheidungen über den Fall getroffen werden konnten.

Die Mehrdeutigkeit der Erkenntnisse über die Absichten und Ziele Amris verschärfte sich ab Mai 2016 nochmals, da Amri von einem mehrdeutigen zu einem kategorial mehrdeutigen Fall wurde. Einerseits war er aufgrund seiner Anschlagsabsichten der Kategorie religiös motivierter Kriminalität zuzuordnen, andererseits aufgrund seines Drogenhandels dem Bereich der Betäubungsmittelkriminalität. Dass Amri zu einem kategorialen Grenzfall wurde, ist auf das der polizeilichen Organisationsstruktur zugrunde liegende Kategoriensystem zurückzuführen, das eindeutige Kategorien auf eine uneindeutige Umwelt projiziert und dadurch Grenzfälle erzeugt. Insofern war der Grenzfallcharakter Amris ein Produkt der Organisation Polizei.

In den nächsten Wochen stiegen die Begründungslasten der Ermittler:innen angesichts der nunmehr kategorialen Mehrdeutigkeit des Falls Amri weiter. In den Ermittlungen spiegelte sich diese Entwicklung darin, dass nicht mehr ausschließlich die Frage im Vordergrund stand, ob Amri einen Anschlag plante, sondern zunehmend auch die Frage, ob es sich bei ihm überhaupt um einen islamistischen Extremisten handelte – oder nicht eher um einen Drogendealer. Amris Drogendelikte warfen bei ausbleibenden Hinweisen auf Anschlagspläne mit zunehmender Ermittlungsdauer also immer drängender die Frage auf, ob die mit Delikten im Bereich der religiös motivierten Kriminalität befassten Ermittler:innen überhaupt noch für den Fall zuständig waren. Zugrunde lag dieser Frage erneut die kategoriale Organisationsstruktur der Polizei, da die doppelte kategoriale Zuordnung des Falls Amri organisational eine Klärung der Zuständigkeit implizierte. An Schärfe gewann die Frage nach der Zuständigkeit durch die hohe Zahl von Gefährder:innen. Diese erzeugte neben den Zuständigkeitszweifeln auch Bedenken bei den Ermittler:innen, ob die Fortführung der Ermittlungen gegen Amri nicht zulasten der Bearbeitung von Fällen ging, die eindeutig in ihren Zuständigkeitsbereich fielen.

Die Folge der beschriebenen Dynamik war, dass die Toleranz der Ermittler:innen für den Grenzfall Amri abnahm. Diese Entwicklung kulminierte darin, dass die Ermittler:innen den Fall Amri kategorial in Richtung allgemeiner Drogenkriminalität vereindeutigten. Dabei bedienten sie sich einer Entscheidungsregel, die sich die polizeiliche Organisationsstruktur zunutze machte: Sie unterstellten ein Ausschlussverhältnis zwischen allgemeiner Kriminalität auf der einen und religiös motivierter Kriminalität auf der anderen Seite. Für die Ermittlungen bedeutete dies, dass die Observation Amris im Juni 2016 faktisch eingestellt wurde und die weiterlaufende TKÜ nun vor allem dazu diente, die Übergabe des Falls an die für Betäubungsmittelkriminalität zuständigen Ermittler:innen zu unterstützen. Die für September vorgesehene Übergabe erfolgte jedoch nicht mehr.

Die Unterstellung eines Ausschlussverhältnisses zwischen allgemeiner und religiös motivierter Kriminalität war das Ergebnis der beschriebenen organisationalen Dynamik, die sich entlang der Parameter Fallaufkommen, Ressourcenintensität der Ermittlungen und Mehrdeutigkeit der Ermittlungsergebnisse konstituierte. *Sie war also organisational und nicht phänomenologisch begründet.*

Bis zu diesem Punkt wurde die Ermittlungsdynamik rekonstruiert, die zur Einstellung der Ermittlungen geführt hat. Bevor weiterführende Überlegungen angestellt werden, soll an dieser Stelle noch einmal reflektiert werden, auf welche Fragen die vorangegangenen Ausführungen Antworten geben – und auf welche nicht.

Terroristische Anschläge können an einer Vielzahl von Gründen scheitern. Die potenziellen Täter:innen können ihre Pläne aufgeben und sich anderen Zielen zuwenden. Unterstützer:innen können Hilfe entziehen. Oder die gefassten Pläne erweisen sich als undurchführbar. Darüber hinaus können auch behördliche Interventionen unbeabsichtigt mit möglichen Anschlagsplänen interferieren. Täter:innen können aufgrund nichtanschlagsrelevanter Handlungen in Haft kommen. Auch Krankheiten und Unfälle können eine Rolle spielen – sei es, weil sie die Anschlagspläne zunichtemachen, sei es, weil sie zu einem Umdenken bei den Täter:innen führen.

Die Auflistung intervenierender Gründe ist weder systematisch noch vollständig, unterstreicht aber einen Punkt, der bereits zu Beginn dieses Buches ausgearbeitet wurde: Terroristische Anschläge zeichnen sich durch ein hohes Maß an Kontingenz aus. Dies gilt insbesondere für Einzeltäter:innen, die aufgrund ihrer beschränkten Ressourcen kaum in der Lage sind, ihre Umwelt zu kontrollieren. Vielmehr sind sie dieser in besonderem Maße ausgeliefert, wie die wochenlange erfolglose Suche Amris nach einem geeigneten Lkw demonstriert.

Für das Verständnis des Zusammenhangs zwischen Polizei und Terrorismus bedeutet die Kontingenz terroristischer Anschläge, *dass polizeiliche Ermittlungen nur ein*

Faktor sind, aus dem terroristische Anschläge unterbleiben (dazu auch Dosdall 2021). Wie eingangs bereits dargelegt wurde, ist die Frage, warum die Ermittlungen frühzeitig eingestellt wurden, aus diesem Grund nicht gleichbedeutend mit der Frage, warum der Anschlag nicht unterblieb. Zwar gibt es zweifellos (große) Schnittmengen zwischen beiden Fragen, deckungsgleich sind sie jedoch nicht. Wäre Amri, wie von ihm mehrfach geäußert, aus der Bundesrepublik ausgereist oder hätte Tunesien ihn als Staatsbürger anerkannt und damit seine Abschiebung ermöglicht, wäre es vermutlich nicht zu dem Anschlag auf dem Breitscheidplatz gekommen. In beiden Fällen hätten die Ermittlungen gegen Amri wegen des Verdachts der Vorbereitung eines religiös motivierten Anschlags in der Bundesrepublik bestenfalls eine mittelbare Rolle gespielt. Vor diesem Hintergrund soll noch einmal unterstrichen werden, dass das dargelegte Erklärungsmodell aufgrund der Kontingenz des hier im Mittelpunkt stehenden Anschlags, keine umfassende Antwort auf die Frage gibt, warum dieser nicht verhindert wurde. Das Modell erklärt lediglich, warum die Ermittlungen frühzeitig eingestellt wurden.

Zwei Zeiten – die Zeit des Attentäters und die Zeit der Organisation

Wichtige Erkenntnisse über den Anschlag auf dem Breitscheidplatz lassen sich gewinnen, wenn man das Geschehen aus einer zeitlichen Perspektive betrachtet. Zu diesem Zweck wird zwischen dem zeitlichen Horizont der polizeilichen Ermittlungen und dem zeitlichen Horizont Amris und seines Handelns unterschieden. Mithin werden die beiden Handlungsebenen, die bisher weitgehend isoliert behandelt wurden, systematischer zusammengeführt:

Amris Weg zum Anschlag (Kap. 2) einerseits und die polizeilichen Ermittlungen (Kap. 3–7) andererseits.

Die theoretische Grundannahme der Ausführungen ist, dass Individuen und Organisationen eine Eigenzeit ausbilden (Luhmann 1984). Diese Eigenzeit ist individuell, da sie sich aus den (historischen) Entscheidungen der jeweiligen Individuen bzw. Organisationen herausbildet. Diese können dazu führen, dass eine Organisation durch hektische Betriebsamkeit und eine andere zur gleichen Zeit durch Trägheit gekennzeichnet ist. Individuen und Organisationen können also sehr individuelle Eigenzeiten ausbilden, die nicht miteinander übereinstimmen, aber dennoch parallel existieren. In Einklang gebracht werden diese verschiedenen Zeithorizonte durch den gemeinsamen Bezug auf allgemeingültige Kalender und Uhrzeiten.

Betrachtet man aus dieser zeitlichen Perspektive die polizeilichen Ermittlungen im Spiegel dessen, was über Amris Entwicklungspfad zum Attentat bekannt ist, lassen sich einige interessante Beobachtungen machen.

Zuerst wird sichtbar, dass *die Zeit der Ermittlungen und die Zeit des Attentäters nicht synchron verlaufen*. Vielmehr scheinen sich beide Zeithorizonte zunehmend auseinanderzuentwickeln. Dies soll im Folgenden herausgearbeitet werden, indem Amris Entwicklungspfad in den Kontext der zeitlichen Entwicklung der Ermittlungen gestellt wird.

Amris Radikalisierung scheint im Winter 2015/2016 einen ersten Höhepunkt erreicht zu haben. Zu diesem Zeitpunkt spielte er verschiedene Anschlagsszenarien durch, erkundete mit zwei potenziellen Mittätern mögliche Tatorte und nahm Kontakt zum IS auf. Da er zuvor schon Anschluss an die islamistische Szene gesucht und in dieser um Mitstreiter:innen geworben hatte, war Amri bereits während dieser Zeit Gegenstand polizeiliche Ermittlungen. Für die ermittelnde Polizei NRW war er damals allerdings noch „Beifang" eines anderen Ermittlungsverfahrens (Deutscher Bundestag 2021, S. 633). Erst ab Februar 2016 wurde spezifisch gegen ihn ermittelt. Geführt wurden diese Ermittlungen von der Generalstaatsanwaltschaft Berlin und damit von der Berliner Polizei, da Amri sich mittlerweile überwiegend in Berlin aufhielt.

Es gehört zur Ironie der Berliner Ermittlungen, *dass Amri in der Zeit der intensivsten Ermittlungen gegen ihn von seinen zuvor gefassten Anschlagsplänen allmählich abzurücken schien*. Was über sein Handeln ab Februar 2016 bekannt ist, legt vielmehr den Eindruck nahe, dass konkrete Anschlagsplanungen für ihn keine große Rolle mehr spielten und er auch keine konkreten Schritte zur Begehung eines Anschlags unternahm. Sein Augenmerk galt vielmehr hauptsächlich dem Drogenhandel. Entsprächen diese Erkenntnisse dem tatsächlichen Verhalten Amris, würde dies bedeuten, dass die Ermittlungen keine Beweise für Anschlagsplanungen erbringen konnten, weil Amri in diesem Zeitraum keinen Anschlag plante.

Die Annahme, dass Amri im Frühjahr 2016 keine konkreten Anschlagspläne verfolgte, bleibt aber insofern spekulativ, als sie sich auf die polizeilichen Erkenntnisse zu Amri stützt, die, wie in Kap. 6 gezeigt, selektiv sind, also nur einen kleinen Teil von Amris Verhalten widerspiegeln. Dass Amri weiterhin einen Anschlag plante und vorbereitete, kann also nicht mit Sicherheit ausgeschlossen werden. Allerdings sprechen mehrere Aspekte dafür, dass Amri im Frühjahr und Sommer 2016 keine intensiven Anschlagsplanungen betrieben hat. Zunächst ist darauf hinzuweisen, dass der eigentliche Anschlag erst ab Oktober geplant wurde. Auch die Tatmittel und die Tatausführung lassen eine monatelange Planung zweifelhaft erscheinen. Hinzu kommt Amris mehrfach geäußerter Wunsch, Deutschland zu verlassen, der als Indiz dafür zu werten ist, dass er in der Bundesrepublik keine Ziele mehr verfolgte. Dies gilt gleichermaßen für den tatsächlichen Ausreiseversuch

Amris im Sommer 2016. Auch wenn dieser anfänglich von der Furcht vor Strafverfolgung motiviert war, scheint die erzwungene Flucht schnell zu Plänen Amris geführt zu haben, sich in Italien eine neue Existenz aufzubauen. Viele Anzeichen deuten folglich darauf hin, dass Amri im Frühjahr und Sommer 2016 tatsächlich keine Anschlagspläne verfolgte.

Akzeptiert man die Prämisse, dass Amri in diesem Zeitraum keinen Anschlag plante, stellt sich die Frage, aus welchen Gründen er seine Pläne aufgab. Obgleich sich diese Frage nicht mit letzter Sicherheit beantworten lässt, kommen verschiedene Faktoren in Betracht. Mit einiger Wahrscheinlichkeit war die Aufgabe seiner unmittelbaren Anschlagspläne, wie an mehreren Stellen plausibilisiert wurde, eine Reaktion auf die Kontrolle am 18. Februar 2016 (siehe Kap. 2). Dafür spricht unter anderem, dass der Kontakt zu Clement B. und Magomed-Ali C. zu diesem Zeitpunkt abbrach und erst im Oktober wieder auflebte (Deutscher Bundestag 2021, S. 444). Wäre dies der einzige Grund gewesen, aus dem Amri seine Pläne aufgab, müsste man konstatieren, dass die offene Kontrolle der Berliner Polizei die Bedingungen dafür schuf, dass die anschließenden Ermittlungen erfolglos blieben. So einfach scheinen die Dinge allerdings nicht zu liegen. Die Mehrdeutigkeit von Amris Plänen lässt erahnen, dass seine Absichten zu diesem Zeitpunkt keineswegs gefestigt waren. Schließlich spielte er abwechselnd auch mit dem Gedanken, nach Tunesien zurückzukehren bzw. auszureisen und sich dem IS anzuschließen. Zudem schien der Handel mit Drogen für ihn attraktiver zu werden, da seine finanzielle Situation im Frühsommer immer prekärer wurde – seine Alias-Identitäten waren mittlerweile bekannt und ab Juni konnte er keine staatlichen Leistungen mehr beziehen, da sein Asylantrag abgelehnt worden war. Zu diesen Faktoren mag hinzugekommen sein, dass die Idee, einen Anschlag zu begehen, der mit hoher Wahrscheinlichkeit auch das eigene Leben kosten würde, für Amri an Anziehungskraft verlor.

Ob und wie diese Faktoren bei Amri zusammenwirkten, ist spekulativ. Es gibt jedoch genügend Anhaltspunkte, die das Szenario plausibel erscheinen lassen, dass Amri im Frühjahr 2016 von seinen – ohnehin nicht gefestigten – Plänen, einen Anschlag in der Bundesrepublik zu begehen, Abstand genommen hat. Unwahrscheinlich scheint lediglich zu sein, dass diese Abkehr von seinen Anschlagsplänen und seine gleichzeitige Hinwendung zum Drogenhandel strategisch motiviert waren, um die Polizei zu täuschen. Dies überschätzt Amris Verständnis der Polizei wie auch seine Fähigkeiten und übersieht zudem die unkontrollierbaren Risiken, die dieses Szenario für Amri mit sich brachte. Gegen eine solche Deutung spricht zudem, dass der Anschlag auf dem Breitscheidplatz keine Spuren einer Vorbereitung im Frühjahr oder Frühsommer erkennen lässt. Insgesamt lässt sich daher festhalten, dass vieles darauf hindeutet, dass Amri in seinem Entschluss, einen Anschlag zu begehen, schwankte.

Betrachtet man die schwankende Motivation Amris parallel zur organisationalen Dynamik der polizeilichen Ermittlungen, die mit zunehmender Dauer immer höheren Begründungslasten ausgesetzt waren, wird das zeitliche Auseinanderlaufen von Amris Handeln und der polizeilichen Ermittlungen deutlich. Während Amris Entwicklung bis zur Begehung des Anschlags im Dezember ein kontingenter und unwahrscheinlicher – weil von vielen Wendungen geprägter – Prozess war, der sich über mindestens anderthalb Jahre erstreckte, standen die polizeilichen Ermittlungen von Anfang an unter Zeitdruck. Dieser Zeitdruck drückte sich in der Frage aus, wie lange die ressourcenintensiven Ermittlungen gegen Amri ohne stichhaltige Ergebnisse fortgeführt werden können, wenn dies angesichts des Fallaufkommens zulasten anderer Fälle geht. Die Folge war, *dass der zeitliche Horizont der Ermittlungen kontinuierlich kleiner wurde, während Amris Zeithorizont offen war und sich wahrscheinlich nach Aufgabe der Anschlagspläne im Frühjahr 2016 noch vergrößerte – bei gleichzeitigem Schwanken zwischen verschiedenen Optionen.*

Im nächsten Abschnitt werden die Folgen des Auseinanderfallens der zeitlichen Horizonte von Attentäter und Organisation eingehender betrachtet.

Das Dilemma der Polizei und das Problem des zu schnellen Lernens

Ausgangspunkt der Überlegungen ist, dass die Planung terroristischer Anschläge kein linearer Prozess ist. Dies führt in Verbindung mit der Kontingenz, die potenzielle Anschlagsvorbereitungen prägt, zu einem erheblichen zeitlichen Abstand zwischen der Tatankündigung und der Tatausführung. Wie ein Blick in die Literatur zeigt (Kenyon et al. 2023), ist Amri in dieser Hinsicht kein Sonderfall. Es ist also üblich, dass Tatankündigungen und eine eventuelle Tatausführung zeitlich auseinanderfallen.

Dieses zeitliche Auseinanderfallen stellt die Polizei vor ein Dilemma, denn Tatankündigungen, die der Polizei bekannt werden, lösen polizeiliche Ermittlungen aus. Da zwischen der Ankündigung und der konkreten Planung aber größere Zeiträume liegen können, ist es nicht unwahrscheinlich, dass laufende Ermittlungen über einen längeren Zeitraum erfolglos bleiben – *und zwar auch dann, wenn die Person, gegen die ermittelt wird, später tatsächlich einen Anschlag begeht.* Das damit verbundene Dilemma wird daran ersichtlich, dass Amri angesichts der kontingenten Ereignisse, die seinen Weg zum Anschlag prägten, zum Zeitpunkt der intensivsten Ermittlungen gegen ihn vermutlich selbst nicht wusste, dass er im Dezember einen Anschlag begehen würde.

Ob dieses Dilemma bei allen polizeilichen Ermittlungen im Kontext von Einzeltäter:innen auftritt, lässt sich anhand der Betrachtung eines einzelnen Falls nicht sagen (siehe dazu auch Kap. 6). Die breiteren Forschungsbefunde zur Tatvorbereitung von Einzeltäter:innen lassen allerdings die begründete Vermutung zu, dass es sich nicht um ein singuläres, auf den Anschlag vom Breitscheidplatz begrenztes Phänomen handelt. Vielmehr liegt es nahe, dass die *Charakteristika von Anschlägen, die von Einzeltäter:innen begangen werden, eine zeitliche Entkoppelung zwischen den Taten und den Ermittlungen der Sicherheitsbehörden begünstigen*. Zu diesen begünstigenden Merkmalen gehören viele der im vorliegenden Buch beleuchteten Aspekte: die geringe Kontrolle über die Tatmittel und die daraus resultierende Abhängigkeit von günstigen Umständen, die zu einer hohen Kontingenz führt, die Einfachheit der Tatmittel, die oft keine langen Planungen notwendig machen, und schließlich auch die Frage nach eigenen Zweifeln oder Planänderungen. All diese Aspekte begünstigen strukturell die Entkoppelung der Zeithorizonte von Täter:innen und Polizei, da sie Anschlagsplanungen erhebliche Unsicherheiten und Verzögerungen auferlegen, während polizeiliche Ermittlungen nur bei Hinweisen auf konkrete Vorbereitungshandlungen über einen längeren Zeitraum aufrechterhalten werden können. Dass es immer wieder Fälle von Einzeltäter:innen gibt, die zwar polizeibekannt, zum Zeitpunkt ihrer Tatbegehung aber nicht Gegenstand polizeilicher Beobachtung sind, dürfte mit dieser strukturell verankerten Tendenz zur zeitlichen Entkoppelung von Einzeltäter:innen und der Organisation Polizei zu tun haben.

Für andere Akteur:innen, die sich des strategischen Mittels Terrorismus bedienen, ist diese zeitliche Entkoppelung hingegen nicht typisch. Der Grund dafür ist, dass Gruppen oder Organisationen schlechter in der Lage sind, ihr tägliches Handeln von beschlossenen Anschlagsplanungen abzutrennen. Dies liegt unter anderem daran, dass der Koordinationsbedarf in Gruppen und Organisationen größer ist. Zudem ist es in Gruppen und Organisationen schwieriger, einmal gefasste Anschlagspläne aufzugeben, da diese die jeweiligen Mitglieder binden. Anders als bei Einzeltäter:innen, die sich grundlos umorientieren, ihre Pläne aufgeben oder gar vergessen können, erzeugen Entscheidungen in Gruppen und Organisationen also Selbstbindungen. Darüber hinaus benötigen Gruppen und Organisationen mehr Ressourcen als Einzeltäter:innen. Da sich dieser Ressourcenbedarf oft nicht durch legale Einnahmequellen decken lässt, muss typischerweise auf kriminelle Handlungen zurückgegriffen werden. Diese wiederum führen erwartbar zu Fahndungsdruck und Haftstrafen, was die Hürden für eine umstandslose Aufgabe von Plänen, wie sie Einzeltäter:innen offensteht, erhöht – und darüber hinaus Radikalisierungsprozesse verstärken kann (Neidhardt 1982).

Die genannten Faktoren machen es unwahrscheinlich, dass es bei Gruppen und Organisationen mit terroristischen Absichten zu langen Zeiträumen der Inaktivität zwischen der Entscheidung, einen Anschlag zu verüben, und der Ausführung kommt. Das bedeutet keineswegs, dass polizeiliche Ermittlungen gegen sie notwendigerweise erfolgreicher sind als bei Einzeltäter:innen. Denn diese können unter anderem an organisationalen Routinen und ihren falsch gesetzten Prämissen oder an behördlicher Mikropolitik scheitern, wie ein Blick auf die Ermittlungen gegen den NSU zeigt (Seibel 2014; Dosdall 2018). Es bedeutet aber, dass das Risiko eines zeitlichen Auseinanderfallens von polizeilichen Ermittlungen und Anschlagsplanungen deutlich geringer ist.

Neben zeitlichen Aspekten machen weitere Faktoren polizeiliche Ermittlungen im Bereich der Einzeltäter:innen anspruchsvoll. So wurde bisher eine zentrale Erkenntnis weitgehend unberücksichtigt gelassen: Die überwiegende Zahl der Personen, die Anschlagspläne kundtun, hat nicht die Absicht, diese auch umzusetzen. Im Sinne des Zwei-Pyramiden-Modells handelt es sich um Personen, die zwar extremistische Einstellung, aber eben keine extremistische Handlungsorientierung ausgebildet haben.

Die Aufmerksamkeit der Organisation Polizei liegt jedoch nicht nur auf der Teilmenge der verhaltensmäßig radikalisierten Personen. Stattdessen muss die Polizei, wie bereits in Kap. 6 erwähnt wurde, auch Personen beachten, die extremistische Einstellungen vertreten, ohne konkrete Anschlagspläne zu hegen. An dieser Stelle nun kann die organisationale Konsequenz dieser Aufmerksamkeitsverteilung genauer benannt werden. Dies liegt darin, dass sich das oben genannte Dilemma verschärft. Nicht nur bleiben Ermittlungen gegen Täter:innen, die später tatsächlich Anschläge begehen, mit einer gewissen Wahrscheinlichkeit *zunächst* erfolglos, *sondern generell sind die meisten Ermittlungen im Bereich der Einzeltäter:innen nicht von Erfolg gekrönt* – eben weil die Mehrzahl der Personen, die Anschlagspläne äußern, diese nicht in die Tat umsetzen.

Das herausgearbeitete Dilemma polizeilicher Ermittlungen im Kontext von Einzeltäter:innen ähnelt dem aus der breiteren Organisationsforschung bekannten Explorationsdilemma (March 1991). Mit diesem Begriff wird das Phänomen bezeichnet, dass Organisationen die Gegenwart im Vergleich zur Zukunft übergewichten und daher dazu neigen, neue Herangehensweisen wieder zu verwerfen, wenn sie nicht kurzfristig ertragreich sind. Das bedeutet oft auch, dass Organisationen zu schnell lernen und von neuen Herangehensweisen wieder abrücken, bevor sich deren Ertrag zeigen kann. Dieser Gegenwartsbias macht Organisationen kurzsichtig (Levinthal und March 1993). Übertragen auf den hier behandelten Gegenstandsbereich besteht das Explorationsdilemma darin, dass unter den aufgrund von Erfolglosigkeit eingestellten Ermittlungen auch eine kleine Zahl von Fällen zu finden ist, in denen Personen später tatsächlich Anschläge begehen. In diesem Fall führt die anfänglich sehr wahrscheinliche Erfolglosigkeit zur Einstellung der Ermittlungen, bevor sich deren Ertrag einstellen kann.

Ordnet man die Ergebnisse auf diese Weise ein, drängt sich die Frage auf, ob das Problem des zeitlichen Auseinanderdriftens von Ermittlungen und terroristischen Planungshorizonten nicht gelöst werden könnte, indem man Ermittlungen trotz anfänglicher Misserfolge fortführt. Theoretischer formuliert, könnte man darauf hinzuwirken versuchen, das Lernsignal „ergebnislose Ermittlungen" abzuschwächen, um zu verhindern, dass Polizeien zu schnell lernen, dass von einer bestimmten Person keine Gefahr (mehr) ausgeht.

Ein naheliegender Vorschlag, der sich aus der Problembeschreibung ableiten lässt, könnte lauten, Polizeien mit mehr Ressourcen auszustatten, um Ermittlungen länger aufrechterhalten zu können. Ein solcher Lösungsvorschlag übersieht jedoch, dass die Beziehung zwischen Ressourcen und polizeilicher Effektivität komplex ist. So zeigt die Forschung, dass es keinen linearen Zusammenhang zwischen der Größe von Polizeien und ihrer Effektivität gibt (Nagin 2013; Lee et al. 2016). Fraglich ist zudem, ob eine bessere Ressourcenausstattung nicht einfach dazu führt, dass mehr Fälle bearbeitet werden – statt einzelne erfolglose Fälle länger zu untersuchen.

Der entscheidende Punkt ist aber, dass dieser Vorschlag ignoriert, dass mit dem Aufrechterhalten von Ermittlungen gegen Personen, die sich keiner konkreten Straftat schuldig machen, ein hohes Diskriminierungsrisiko einhergeht. Dies gilt insbesondere dann, wenn sich die Ermittlungen gegen Personen richten, die ohnehin Gegenstand stereotypisierender Zuschreibungen sind, also etwa nicht-weiß gelesene Menschen oder psychisch erkrankte Personen. Aber auch in Fällen, in denen es nicht um solche Personengruppen geht, stellt sich – jenseits konkreter rechtlicher Grenzen – die Frage, wie lange es vertretbar ist, Ermittlungen trotz Erfolglosigkeit aufrechtzuerhalten. Bei der Beantwortung dieser Frage auf den Fall Amri abzustellen, verzerrt das Urteil, da Amri zu der sehr kleinen Zahl von Personen gehörte, die tatsächlich einen Anschlag begangen haben. Im Normalfall würde eine längere Aufrechterhaltung von Ermittlungen Personen betreffen, die zwar womöglich einstellungsmäßig radikalisiert sind, aber letztlich keinen Anschlag begehen wollen. Dies zeigt sich im Übrigen auch daran, dass der hohen Zahl von Gefährder:innen, die von den Sicherheitsbehörden im Untersuchungszeitraum registriert wurden, keine auch nur annähernd so hohe Zahl von Anschlägen gegenübersteht.

Ein zweiter Einwand gegen die Aufrechterhaltung von bislang erfolglosen Ermittlungen besteht darin, dass die Polizei auf diese Weise selbst zu Radikalisierungen beitragen kann. Die Forschung zeigt, dass Maßnahmen von Sicherheitsbehörden dazu führen können, dass sich Personen auch verhaltensmäßig radikalisieren (McCauley und Moskalenko 2008; Della Porta 2018). Mit anderen Worten: Polizeiliche Ermittlungen können „Täter:innen machen", wenn es zu direkten Kontakten mit den Personen kommt, gegen die ermittelt wird – etwa in Form von Gefährderansprachen oder Kontrollbesuchen, wie sie im polizeilichen Umgang mit Gefährder:innen üblich sind. Dies kann auf übergriffiges Verhalten der Sicherheitsbehörden zurückgehen, gründet aber in erster Linie darauf, dass sich die Polizei in ihrer Funktion als staatlicher Kontrollagent nicht neutralisieren kann (Newburn 2022). Polizeiliches Auftreten transportiert immer einen Verdacht und die Möglichkeit des Einsatzes staatlicher Macht und kann diesen Effekt weder kontrollieren noch aufheben. Die Polizei ist keine externe Beobachterin, sondern Teil des Prozesses, auf den sie einzuwirken versucht. Daher lassen sich Polizei und Radikalisierungsprozesse, wo sie zusammentreffen, nicht getrennt voneinander betrachten. Dies ist ein starker Einwand gegen den Vorschlag, Ermittlungen länger aufrechtzuerhalten, auch wenn sie erfolglos bleiben.

Zwischenfazit

Im vorliegenden Kapitel wurde der Anschlag zu Beginn phänomenologisch eingeordnet. Es wurde erneut gezeigt, dass und wie Einzeltäter:innen sich von Gruppen und Organisationen unterscheiden, die sich terroristischer Mittel bedienen. Daher können die Ergebnisse der vorliegenden Untersuchung nicht einfach auf andere Phänomenbereiche, also beispielsweise auf von Gruppen oder Organisationen begangene Anschläge, übertragen werden. Darauf aufbauend wurden die Ergebnisse modellhaft verdichtet. Auf diese Weise wurde herausgestellt, dass die Einstellung der Ermittlungen der Berliner Polizei gegen Amri auf eine organisationale Dynamik zurückging, die darin bestand, dass die Ermittlungen aufgrund fehlender Anhaltspunkte für eine Tatplanung Amris mit zunehmender Dauer höheren Begründungslasten ausgesetzt waren. Auf dieser Basis wurde argumentiert, dass die Zeithorizonte der Anschlagsplanung und der Ermittlungen asynchron waren. Es wurde auch erläutert, dass diese Asynchronität durch die Charakteristika von Einzeltäter:innen begünstigt wurde, bei Ermittlungen gegen terroristische Gruppen oder Organisationen also nicht zu erwarten gewesen wäre. Anschließend wurden zwei wichtige Implikationen der empirischen Analyse erarbeitet. Es wurde das Dilemma aufgezeigt, dass polizeiliche Ermittlungen im Bereich der Einzeltäter:innen dadurch geprägt sind, dass sich der zeitliche Horizont der Polizei und der der Tatplanung mit hoher Wahrscheinlichkeit auseinanderentwickeln. Dies hat zur Folge, dass auch Ermittlungen gegen Täter:innen, die tatsächlich planen, einen Anschlag zu begehen, häufig anfänglich erfolglos bleiben. Zum Schluss wurde gezeigt, dass sich diese Problematik nicht einfach durch mehr Ressourcen kompensieren lässt und die Aufrechterhaltung von erfolglosen Ermittlungen die Gefahr birgt, die Betroffenen zu diskriminieren und Radikalisierungsprozesse auszulösen.

9

Abschließende Reflexion

Das vorliegende Buch hat sich zum Ziel gesetzt, die organisationale Seite des gesellschaftlichen Umgangs mit Terrorismus zu untersuchen. Das Interesse an diesem Untersuchungsgegenstand ergab sich aus der Tatsache, dass die Prävention terroristischer Anschläge zwar ausschließlich Aufgabe staatlicher Organisationen ist, diese organisationale Seite im öffentlichen und wissenschaftlichen Diskurs aber nicht systematisch berücksichtigt wird: Organisationen und die Art und Weise, wie sie sich in den gesellschaftlichen Umgang mit Terrorismus einschreiben, werden vernachlässigt. Diese Vernachlässigung steht in einem starken Gegensatz zur Realität der Prävention terroristischer Straftaten, die eben eine organisierte Realität ist. Prägend für sie sind organisationale Routinen, Fallökologien, Verantwortlichkeiten, Klassifikationssysteme und die Dynamiken, die sich zwischen diesen Elementen entfalten. Damit ist nicht gesagt, dass die organisationale Ebene die einzig relevante ist. Schließlich sind Organisationen Teil einer gesellschaftlichen Umwelt, die rechtliche Vorschriften ebenso beinhaltet wie gesellschaftliche Entwicklungen oder politische Zielsetzungen. Die Relevanz einer organisationssensiblen Perspektive lässt sich aber daran erkennen, dass die Dynamik polizeilicher Ermittlungen nicht auf diese externen Parameter reduziert werden kann. Organisationen sind gerade keine maschinenartigen Gebilde, die Vorgaben abarbeiten, sondern unterliegen einer Eigenlogik. Diese Eigenlogik herauszuarbeiten, ist essenziell, will man polizeiliche Ermittlungen im Kontext terroristischer Anschläge verstehen.

Vor diesem Hintergrund werden in diesem Kapitel einige abschließende Überlegungen angestellt und Fragen aufgegriffen, die über das Erkenntnisinteresse dieses Buches hinausweisen. Fluchtpunkt dieser Überlegungen ist es, die organisationssoziologisch gewonnenen Erkenntnisse mit einigen Themen der öffentlichen Debatte zu kontrastieren. In einem ersten Schritt geht es noch einmal um Unsicherheit als zentrales Merkmal polizeilicher Ermittlungen. Darauf aufbauend wird diskutiert, ob und inwiefern es sich bei der frühzeitigen Einstellung der polizeilichen Ermittlungen gegen Amri um einen Fall von Behördenversagen gehandelt hat. Danach wird skizziert, wie sich die Ergebnisse der Analyse zu einer Problemlösung verhalten, die von den Behörden nach dem Anschlag eingeführt wurde. Diese Auseinandersetzung wird auch die Frage berühren, ob Anschläge wie der vom Breitscheidplatz in Zukunft gezielter verhindert werden können.

Unsicherheit

Ein übergeordnetes Thema der vorliegenden Analyse war die Unsicherheit, mit der mögliche Anschläge von Einzeltäter:innen die Sicherheitsbehörden konfrontieren.

9 Abschließende Reflexion

So haben die vorangegangenen Ausführungen immer wieder deutlich gemacht, dass Unsicherheit ein grundlegender Aspekt organisationalen Handelns im Kontext der Prävention terroristischer Anschläge ist. Gleichzeitig handelt es sich um einen Aspekt, der in der nachträglichen Betrachtung sicherheitsbehördlicher Ermittlungen selten eine Rolle spielt. Einer der zentralen Gründe hierfür liegt im sogenannten Hindsight-Bias bzw. im Nachschau-Effekt (Fischhoff 1975). Dieser besagt, dass es Individuen schwerfällt, sich in einen Zustand *zurück*zuversetzen, in dem sie noch nicht über die Informationen verfügten, die sie heute haben. Dies hat zur Folge, dass in der Rückschau das, was man in der vergangenen Gegenwart über die noch nicht eingetretene Zukunft wusste, tendenziell überschätzt wird. Anders herum gedacht, tendieren Menschen dazu, eingetretene Ereignisse für unvermeidlich zu halten.

In der öffentlichen Auseinandersetzung mit dem Anschlag vom Breitscheidplatz zeigt sich der Hindsight-Bias in der Unterstellung, dass der Anschlag in seiner konkreten Form hätte geschehen müssen und die Gefährlichkeit Amris daher zu jedem Zeitpunkt klar erkennbar gewesen sein müsse. Diese Betrachtungsweise blendet aber aus, dass der Anschlag in der vergangenen Gegenwart der Ermittlungen noch in der Zukunft lag und insofern unbekannt war. Am deutlichsten lässt sich dieser Bias in Betrachtungen finden, die Amris Stellung in der organisationalen Fallökologie der Polizei gänzlich außer Acht lassen, indem sie unterstellen, Amri sei ein singulärer Fall gewesen (dazu auch Büchner 2018, S. 233). Wie an verschiedenen Stellen aufgezeigt wurde, war dies jedoch mitnichten der Fall. Gerade weil das nachträgliche Ausblenden von Unsicherheiten so einfach ist, soll der Aspekt der Unsicherheit an dieser Stelle noch einmal systematischer diskutiert werden. Damit werden zudem Überlegungen zu Frage des Behördenversagens vorbereitet.

Nachdem der Begriff der Unsicherheit in der vorangegangenen Analyse in einem alltäglichen Verständnis verwendet wurde, wird er für diese weiterführenden Überlegungen präziser definiert. Dazu wird einer anerkannten Definition gefolgt, indem zwischen Unsicherheit und Risiko unterschieden wird (Knight 2009 [1921]). Risiko bezeichnet dabei Situationen, in denen alle Alternativen, ihre Konsequenzen und die Wahrscheinlichkeit ihres Eintretens bekannt sind. Dies ist zum Beispiel bei Lotterien der Fall. Hier ist allen Beteiligten bekannt, wie gering die Gewinnchancen sind, wie hoch das entsprechende Risiko ist, den Einsatz zu verlieren, und wie hoch ein möglicher Gewinn wäre. Demgegenüber bezeichnet Unsicherheit Situationen, in denen die Wahrscheinlichkeiten ebenso unbekannt sind wie sämtliche Handlungsalternativen und ihre Konsequenzen. Mehr noch bezeichnet Unsicherheit Situationen, in denen das eigene Handeln sich – ob gewollt oder ungewollt – auf die genannten Parameter auswirkt, also Alternativen, Konsequenzen und Wahrscheinlichkeiten beeinflusst.

Bedient man sich der Unterscheidung von Risiko und Unsicherheit, um terroristische Anschläge aus der Perspektive der Sicherheitsbehörden einzuordnen, wird deutlich, dass Anschläge auf die Seite der Unsicherheit fallen. Sie stellen folglich keine kalkulierbaren Risiken dar. Ihre Eintrittswahrscheinlichkeit lässt sich ebenso wenig berechnen, wie sich bestimmen lässt, wer tatsächlich einen Anschlag begeht. Einzeltäter:innen konfrontieren die Sicherheitsbehörden also nicht mit einem kalkulierbaren Risiko, sondern mit Unsicherheit.

Die Unsicherheit, der sich die Sicherheitsbehörden im Kontext möglicher Anschläge durch Einzeltäter:innen gegenübersehen, speist sich mindestens aus zwei Quellen.

Die erste Quelle sind die Ermittlungsroutinen selbst. Diese reduzieren Unsicherheit, indem sie Informationen über bestimmte Sachverhalte generieren, erzeugen aber gleichzeitig auch Unsicherheit, wenn sie nur ein selektives Bild von Sachverhalten zeichnen. Ermittlungen überführen Unsicherheit also nicht vollständig in Sicherheit, sie generieren vielmehr neue Unsicherheit.

Die zweite Quelle der Unsicherheit für polizeiliche Ermittlungen im Kontext von Anschlägen durch Einzeltäter:innen besteht in der Kontingenz von Anschlagsplanungen. Wie durchweg aufgezeigt, folgen Anschlagsplanungen selten einem rationalen Plan, sondern sind das Ergebnis kontingenter Entwicklungen: Ziele ändern sich, einmal gefasste Pläne werden aufgegeben, neue Anschlagsgelegenheiten ergeben sich, Verbündete finden sich oder gehen verloren, Pläne lassen sich nicht realisieren und behördliches Handeln kann, beabsichtigt oder unbeabsichtigt, mit Anschlagsüberlegungen interferieren. Diese Kontingenz stellt einen zusätzlichen Unsicherheitsfaktor dar, da sie das Wissen über die Pläne von Einzeltäter:innen unter einen beständigen Vorbehalt stellt.

Neben diesen beiden Unsicherheitsquellen ließen sich problemlos noch weitere anführen, etwa die Bemühungen potenzieller Täter:innen, ihre Pläne geheim zu halten und über ihre Absichten zu täuschen. Letztlich reichen die beiden genannten Unsicherheitsquellen aber aus, um zu unterstreichen, dass polizeiliche Ermittlungen im Kontext möglicher Anschläge mit erheblichen Unsicherheiten konfrontiert sind: Die Ermittlungen selbst generieren keine vollständigen Informationen über die Handlungsabsichten von Täter:innen, während deren Pläne bewegliche Ziele („moving targets") darstellen, da sie sich durch die Interaktion mit einer unkontrollierbaren gesellschaftlichen Realität, zu der auch die Polizei gehört, permanent verändern können.

Vor diesem Hintergrund wird sich der Frage zugewendet, ob es sich bei der frühzeitigen Einstellung der Ermittlungen um einen Fall von Behördenversagen gehandelt hat.

Behördenversagen?

Um sich der Frage eines möglichen Behördenversagens zu nähern, muss man klären, was unter Behördenversagen zu verstehen ist und wann ein solches Versagen vorliegt.

Eine prominente Definition von Behördenversagen fasst unter diesem Begriff Fälle, in denen „Behörden der öffentlichen Verwaltung nicht das leisten, was sie nach dem Willen des Gesetzgebers oder den legitimen Erwartungen der Bevölkerung leisten müssten" (Seibel 2021, S. 40; auch Seibel et al. 2017). Demnach liegt Behördenversagen vor, wenn eine Behörde die rechtlich fixierten oder gesellschaftlich an sie gerichteten Erwartungen nicht erfüllt, insbesondere wenn der Schutz von Menschenleben betroffen ist.

Betrachtet man diese Definition näher, lässt sich erkennen, dass sie auf zwei Prämissen beruht. Die erste Prämisse ist, dass Behördenversagen vom Ergebnis her gedacht wird. Die analytische Aufmerksamkeit richtet sich daher nicht auf die Spezifika der behördlich zu bearbeitenden Aufgabe und die Bedingungen, unter denen sie bearbeitet wird, sondern auf den Eintritt eines negativen Ereignisses. Dieses dient zugleich als Kriterium für das Vorliegen von Behördenversagen. Die zweite Prämisse der obigen Definition lautet, dass Behörden grundsätzlich in der Lage sind, negative Ereignisse zu verhindern, das heißt die an sie herangetragenen Erwartungen zu erfüllen.

Blickt man aus der Perspektive der obigen Definition auf die frühzeitige Einstellung der Ermittlungen, muss eindeutig von einem Fall von Behördenversagen gesprochen werden. Angesichts des verfassungsrechtlich verbrieften Rechts auf körperliche Unversehrtheit und der gesetzlich definierten Aufgabe, dieses Grundrecht der Bürger:innen zu schützen, haben die Sicherheitsbehörden

9 Abschließende Reflexion

die ihnen gestellte Aufgabe und die an sie gerichteten Erwartungen nicht erfüllt.

Vor dem Hintergrund der vorherigen Analyse wäre solch eine Beurteilung jedoch unbefriedigend, da sie die Unsicherheiten, Mehrdeutigkeiten und Kontingenzen – kurz: die Komplexität – unterschlägt, die die organisationale Bearbeitung von Fällen mit Einzeltäter:innen prägen. Daher wird im Weiteren eine andere Perspektive auf die Frage des Behördenversagens vorgestellt.

Statt vom Resultat auszugehen, hat diese Perspektive ihren Ausgangspunkt bei der *Beziehung der Organisation Polizei zu Einzeltäter:innen*. Das Argument ist, dass die Verhinderung von Anschlägen durch Einzeltäter:innen *in den Grenzbereich der organisationalen Leistungsfähigkeit fällt* (Dosdall und Löckmann 2023). Dieses Argument ergibt sich aus den Schwierigkeiten und den unkalkulierbaren (siehe oben) Unsicherheiten, die die vorangegangenen Kapitel dieses Buches aufgezeigt haben. Das bedeutet nicht, dass Anschläge per se nicht verhindert werden können. Eine solche Aussage wäre offenkundig empirisch falsch. Stattdessen lautet das Ergebnis, dass die Verhinderung von Anschlägen nicht verlässlich zu erwarten ist. Sie kann gelingen, muss aber angesichts der Probleme, die dieses Aufgabenfeld prägen, nicht gelingen.

Aus einer Perspektive, die die Verhinderung von Anschlägen im Grenzbereich dessen verortet, was Organisationen erwartungssicher leisten können, ähneln Anschläge, die sich tatsächlich ereignen, sogenannten „organizational accidents" (Reason 2016; Perrow 1984). Bei Organizational Accidents handelt es sich um Unfälle, die nicht auf Fehler einzelner Individuen zurückzuführen sind, sondern auf die Komplexität der Aufgaben, die unter bestimmten organisationalen Bedingungen und Unsicherheiten bearbeitet werden müssen. Negative Ereignisse weisen aus dieser Perspektive folglich eine gewisse Unvermeidbarkeit auf;

ihre Zahl lässt sich reduzieren, gänzlich verhindert werden können sie aber nicht.

Der analytische Gewinn dieser Betrachtungsweise besteht darin, die Komplexität des Gegenstands anzuerkennen und gleichzeitig dem Reflex zu entgehen, negative Ereignisse mit Fehlern einzelner oder mehrerer Handelnder erklären zu wollen. Erklärungen, die komplexe negative Ereignisse auf individuelle Fehler oder falsche Entscheidungen einzelner Personen zurechnen, greifen in der Regel zu kurz (Perrow 1984; Snook 2000). Aus diesem Grund betont die Organizational-Accident-Perspektive den organisationalen Charakter des Zustandekommens von negativen Ereignissen (Reason 2016). Dies deckt sich mit den Ergebnissen der Analyse, die an vielen Stellen gezeigt hat, dass bestimmte Entscheidungen durch organisationale Dynamiken bzw. Bedingungen begünstigt wurden. Insbesondere gilt dies für die zentrale Entscheidung, die Ermittlungen der Berliner Polizei frühzeitig einzustellen. Bei dieser handelte es sich nicht um eine individuelle Entscheidung einzelner Ermittler:innen, sondern sie war dem organisationalen Charakter der Ermittlungen geschuldet. Die Sensibilität für die Rolle von Organisationen lässt die Denkfigur des Organizational Accident angemessener erscheinen als die Rede vom Behördenversagen.

Ausblick: Passen die Lösungen zu den Problemen?

Eine letzte Frage, die das vorliegende Buch adressiert, lautet, welche Konsequenzen sich aus der in diesem Buch vorgenommenen Analyse für die Verhinderung zukünftiger Anschläge ergeben. Dieser Frage wird am Beispiel des nach dem Anschlag vom Breitscheidplatz mit Nachdruck eingeführten Risikobewertungsinstruments Radar-iTE (iTE

9 Abschließende Reflexion

steht für internationaler islamistischer Terrorismus) nachgegangen.

Radar-iTE wird seit seiner Einführung bei allen Personen eingesetzt, die von den Sicherheitsbehörden im Bereich des Islamismus als Gefährder:innen eingestuft werden. Mit dem Instrument werden drei Ziele verfolgt. Erstens soll die Gefahr, die von spezifischen Gefährder:innen ausgeht, besser eingeschätzt werden können. Zweitens soll der feste Bewertungsstandard von Radar-ITE zu einer Vereinheitlichung der Risikobewertung führen – ein Ansinnen, das nicht zuletzt aus den Erfahrungen im Fall Amri resultiert, dessen Gefährlichkeit, wie aufgezeigt, uneinheitlich eingeschätzt wurde. Drittens soll das Instrument dafür sorgen, dass Ressourcen gezielter eingesetzt werden können.

Um diese Ziele zu erreichen, füllen die Ermittler:innen einen sogenannten Risikobewertungsbogen zu den jeweiligen Gefährder:innen aus. Dieser besteht aus standardisierten Fragen, mit denen sowohl Informationen erhoben werden, die es wahrscheinlicher machen, dass Personen Anschläge begehen, als auch solche, die es weniger wahrscheinlich machen. Je nachdem, wie die Beantwortung der Fragen ausfällt, werden die bewerteten Personen auf einer zweistufigen Skala mit den Skalenwerten moderates Risiko und hohes Risiko eingestuft. Ein moderates Risiko signalisiert keinen unmittelbaren Handlungsbedarf, ein hohes Risiko zeigt hingegen an, dass gehandelt werden muss. Darüber hinaus führt eine Einstufung als hohes Risiko dazu, dass sich das GTAZ mit der betreffenden Person befasst (BKA 2024).

Die nach dem Anschlag forcierte Einführung von Radar-iTE basiert auf der Annahme, dass ein zentraler Fehler der Ermittlungen darin bestand, dass die von Amri ausgehende Gefahr falsch eingeschätzt wurde. Unsere Analyse hat jedoch gezeigt, dass gerade diese Annahme auf einem wackligen Fundament steht – nicht zuletzt, weil es nicht um kalkulierbare Risiken, sondern eben um kaum kalkulierbare Unsicherheiten geht. So ist es, wie gezeigt, eine offene Frage, ob Amri im Sommer 2016 tatsächlich einen Anschlag plante, denn es gibt durchaus Anhaltspunkte, die dagegen sprechen. Aber auch jenseits begründeter Mutmaßungen über die Motive Amris im Sommer 2016 stößt man auf ein Problem: Die im Sommer 2016 vorgenommene Einschätzung Amris als nicht länger gefährlich war eben keine substanzielle Aussage über seine Gefährlichkeit. Vielmehr war sie das Ergebnis einer Entscheidung, die durch steigende Begründungslasten angesichts des hohen Fallaufkommens, die mehrdeutigen Absichten Amris und die uneindeutigen Ermittlungsergebnisse motiviert war. Ob Risikobewertungsinstrumente solche Dynamiken unterbinden können, erscheint fraglich, da auch sie letztlich in die Dynamiken der organisierten Fallbearbeitung eingebunden sind.

Diese abschließenden Überlegungen führen zum Anfang des Buches zurück. Im Anschluss an die Leere-Welt-Hypothese von Herbert Simon wurde argumentiert, dass es für ein adäquates Verständnis von Sachverhalten notwendig ist, den Blick auf die Elemente zu richten, die ein Ereignis maßgeblich prägen. Nimmt man dies ernst, muss das Fazit aus der vorangegangenen Analyse lauten, dass es für ein angemessenes Verständnis der (Nicht-)Verhinderung terroristischer Taten notwendig ist, die organisationalen Dynamiken nachzuvollziehen, die Ermittlungen prägen. Dies wiederum unterstreicht die Kernbotschaft des vorliegenden Buches: Um zu verstehen, wie moderne Gesellschaften das soziale Problem Terrorismus bearbeiten, ist es notwendig, Organisationen zu verstehen.

Literatur

Ansell, Chris, Arjen Boin und Ann Keller. 2010. Managing Transboundary Crises: Identifying the Building Blocks of an Effective Response System. *Journal of Contingencies and Crisis Management* 18 (4): 195–207. https://doi.org/10.1111/j.1468-5973.2010.00620.x.

Bayley, David H. und David Weisburd. 2011. Cops and Spooks: The Role of Police in Counterterrorism. In *To Protect and To Serve: Policing in an Age of Terrorism*, hrsg. David Weisburd, Thomas Feucht, Idit Hakimi, Lois Mock und Simon Perry, 81–99. New York, NY: Springer New York.

Binninger, Clemens. 2018. Das Nebeneinander von Bundes- und Landesbehörden in der Inneren Sicherheit: Probleme und Lösungsvorschläge aus Sicht der parlamentarischen Praxis. In *Jahrbuch des Föderalismus 2018: Föderalismus, Subsidiarität und Regionen in Europa*, hrsg. Europäisches Zentrum für Föderalismus-Forschung, 88–99, 1. Aufl. Nomos eLibrary Politikwissenschaft, Band 19. Baden-Baden: Nomos Verlag.

Binninger, Clemens und Armin Schuster. 2017. Warum wir ein deutsches FBI brauchen. *Die Welt.* 9 April 2017. https://www.welt.de/politik/deutschland/article163541135/Warum-wir-ein-deutsches-FBI-brauchen.html. Zugegriffen: 28. Oktober 2021.

Bjørgo, Tore. 2005. Conclusions. In *Root Causes of Terrorism: Myths, Reality, and Ways forward*, hrsg. Tore Bjørgo, 256–264. London, New York: Routledge.

BKA. 2024. RADAR (Regelbasierte Analyse potenziell destruktiver Täter zur Einschätzung des akuten Risikos). https://www.bka.de/DE/UnsereAufgaben/Deliktsbereiche/PMK/Radar/radar_node.html. Zugegriffen: 18. Mai 2024.

Böhmelt, Tobias und Vincenzo Bove. 2019. How Migration Policies moderate the Diffusion of Terrorism. *European Journal of Political Research* 93 (1): 1–22.

Bowker, Geoffrey C. und Susan Leigh Star. 1999. *Sorting Things Out. Classification and its Consequences.* Inside technology. Cambridge, Mass: MIT Press.

Braga, Anthony A., Brandon Turchan und Lisa Barao. 2019. The Influence of Investigative Resources on Homicide Clearances. *Journal of Quantitative Criminology* 35 (2): 337–364. https://doi.org/10.1007/s10940-018-9386-9.

Brodeur, Jean-Paul. 1983. High Policing and Low Policing: Remarks about the Policing of Political Activities. *Social Problems* 30 (5): 507–520.

Brodeur, Jean-Paul. 2010. *The Policing Web.* Studies in crime and public policy. Oxford: Oxford Univ. Press.

Büchner, Stefanie. 2018. *Der organisierte Fall. Zur Strukturierung von Fallbearbeitung durch Organisation.* Wiesbaden: Springer.

Bundeskriminalamt. 2024. Politisch motivierte Kriminalität. https://www.bka.de/DE/UnsereAufgaben/Deliktsbereiche/PMK/pmk_node.html. Zugegriffen: 4. März 2024.

Bundesministerium des Inneren. 2016. *Verfassungsschutzbericht 2015.* https://www.bmi.bund.de/SharedDocs/downloads/DE/publikationen/themen/sicherheit/vsb-2015.pdf?__blob=publicationFile&v=4. Zugegriffen: 13. Januar 2022.

Bundesministerium des Inneren. 2017. *Behördenhandeln um die Person des Attentäters vom Breitscheidplatz Anis AMRI. Stand Februar 2017.* https://www.bmi.bund.de/SharedDocs/downloads/DE/veroeffentlichungen/themen/sicherheit/chronologie-amri.pdf?__blob=publicationFile&v=2. Zugegriffen: 2. Dezember 2021.

Crank, John P. und Robert Langworthy. 1992. An Institutional Perspective of Policing. *The Journal of Criminal Law and Criminology (1973-)* 83 (2): 338. https://doi.org/10.2307/1143860.

Daase, Christopher und Tim Nicholas Rühlig. 2016. Der Wandel der Sicherheitskultur nach 9/11. In *Innere Sicherheit nach 9/11*, hrsg. Susanne Fischer und Carlo Masala, 13–33. Wiesbaden: Springer.

Della Porta, Donatella. 2018. Radicalization: A Relational Perspective. *Annual Review of Political Science* 21 (1): 461–474.

Deutscher Bundestag. 2021. *Beschlussempfehlung und Bericht des 1. Untersuchungsausschusses der 19. Wahlperiode gemäß Artikel 44 des Grundgesetzes. Drucksache 19/30800.* Endgültige Fassung. https://dserver.bundestag.de/btd/19/308/1930800.pdf. Zugegriffen: 27. Oktober 2021.

Die Welt. 2021. IS-Chefanwerber in Deutschland zu zehneinhalb Jahren Haft verurteilt. *Die Welt.* 24 Februar 2021. https://www.welt.de/politik/ausland/article226983185/Abu-Walaa-IS-Chefanwerber-in-Deutschland-zu-zehneinhalb-Jahren-Haft-verurteilt.html. Zugegriffen: 21. Juli 2023.

Dosdall, Henrik. 2018. Organisationsversagen und NSU-Ermittlungen: Braune-Armee-Fraktion, Behördenlernen und organisationale Suche. *Zeitschrift für Soziologie* 47 (6): 402–417.

Dosdall, Henrik. 2021. *Die NSU-Ermittlungen 1998–2011. Eine organisationssoziologische Perspektive.* Wiesbaden: Springer.

Dosdall, Henrik. 2023. Die Organisation Polizei. In *Handbuch Organisationstypen*, hrsg. Maja Apelt und Veronika Tacke, 225–246, 2. Aufl. Wiesbaden: Springer.

Dosdall, Henrik und Teresa Löckmann. 2023. Organisationale Dynamiken der Terrorismusprävention: Der Anschlag auf den Breitscheidplatz, polizeiliche Fallökologien und terroristische Einzeltäter*innen. In *Staatliche Organisationen und Krisenmanagement*, hrsg. Ingo Bode, Robert Jungmann und Kathia Serrano Velarde, 182–206: Nomos Verlagsgesellschaft mbH & Co. KG.

Eckhard, Steffen, Alexa Lenz, Wolfgang Seibel, Florian Roth und Matthias Fatke. 2021. Latent Hybridity in Administrative Crisis Management: The German Refugee Crisis of 2015/16. *Journal of Public Administration Research and Theory* 31 (2): 416–433. https://doi.org/10.1093/jopart/muaa039.

Ellis, Clare. 2016. With a Little Help from my Friends: An Exploration of the Tactical Use of Single-Actor Terrorism by the Islamic State. *Perspectives on Terrorism* 10 (6): 41–47.

Feldman, Martha, Brian T. Pentland, Luciana D'Adderio, Katharina Dittrich, Claus Rerup und David Seidl. 2021. What Is Routine Dynamics? In *Cambridge Handbook of Routine Dynamics*, hrsg. Martha S. Feldman, Brian T. Pentland, Luciana D'Adderio, Katharina Dittrich, Claus Rerup und David Seidl. Cambridge: Cambridge University Press.

Feldman, Martha S. 2016. Routines as Process: Past, Present, and Future. In *Organizational Routines: How they are created, maintained, and changed*, hrsg. Jennifer A. Howard-Grenville, Claus Rerup, Ann Langley und Charidēmos K. Tsukas, 23–46. Oxford, New York, NY: Oxford University Press.

Feldman, Martha S. und Brian T. Pentland. 2003. Reconceptualizing Organizational Routines as a Source of Flexibility and Change. *Administrative Science Quarterly* 48: 94–118.

Fischhoff, Baruch. 1975. Hindsight Foresight: The Effect of Outcome Knowledge on Judgment Under Uncertainty. *Journal of Experimental Psychology: Human Perception and Performance* 1 (3): 288–299.

Frevel, Bernhard und Hermann Groß. 2016. „Polizei ist Ländersache!" – Polizeipolitik unter den Bedingungen des deutschen Föderalismus. In *Die Politik der Bundesländer*, hrsg.

Achim Hildebrandt und Frieder Wolf, 61–86. Wiesbaden: Springer.

Gartenstein-Ross, Daveed, Andrew Zammit, Emelie Chace-Donahue und Madison Urban. 2023. Composite Violent Extremism: Conceptualizing Attackers Who Increasingly Challenge Traditional Categories of Terrorism. *Studies in Conflict & Terrorism*: 1–27.

Hanewinkel, Vera. 2015. *Fluchtmigration nach Deutschland und Europa. Einige Hintergründe.* https://www.bpb.de/themen/migration-integration/kurzdossiers/217369/fluchtmigration-nach-deutschland-und-europa-einige-hintergruende/. Zugegriffen: 10. Juli 2023.

Hartleb, Florian. 2018. Der Fall Anis Amri. Ein Menetekel für den Rechtsstaat. In *Demokratie in unruhigen Zeiten*, hrsg. Sebastian Liebold, Tom Mannewitz, Madeleine Petschke und Tom Thieme, 173–184. Baden-Baden: Nomos Verlag.

Helbling, Marc und Daniel Meiermieks. 2022. Terrorism and Migration: An Overview. *British Journal of Political Science* (52): 977–996. https://doi.org/10.1017/S0007123420000587.

Herbert, Ulrich und Jakob Schönhagen. 2020. Vor dem 5. September: Die „Flüchtlingskrise" 2015 im historischen Kontext. *Aus Politik und Zeitgeschichte* 70 (30–32): 27–36.

Hoebel, Thomas. 2020. Alleinhandeln. *Mittelweg 36* 29 (4–5): 145–165.

Hoffman, Bruce. 2014. Low-Tech Terrorism. *The National Interest* 130 (March/April): 61–71.

Jamieson, Alison. 2005. The Use of Terrorism by Organized Crime. In *Root Causes of Terrorism: Myths, Reality, and Ways forward*, hrsg. Tore Bjørgo, 164–177. London, New York: Routledge.

Japp, Klaus Peter. 2003. Zur Soziologie der Katastrophe. In *Entsetzliche soziale Prozesse: Theorie und Empirie der Katastrophen*, hrsg. Lars Clausen, Elke M. Geenen und Elísio Salvado Macamo, 77–90. Münster: Lit.

Japp, Klaus Peter. 2016. Puritanischer Terror. *Soziale Systeme* 21 (1): 42–78.

Japp, Klaus Peter. 2022. Radikalisierung im Religionssystem. In *Terrorismusforschung: Interdisziplinäres Handbuch für Wissenschaft und Praxis*, hrsg. Liane Rothenberger, Joachim Krause, Jannis Jost, Kira Frankenthal und Sebastian Baden, 267–278, 1. Aufl. Nomos Handbuch, Band 3. Baden-Baden: Nomos.

Jones, Frank L. 2012. Toward a Strategic Theory of Terrorism: Defining Boundaries in the ongoing Search for Security. In *Theory of War and Strategy: Volume I*, hrsg. J. Boone Bartholomees, 107–118: US Army War College.

Jost, Bruno. 2017. *Abschlussbericht des Sonderbeauftragten des Senats für die Aufklärung des Handelns der Berliner Behörden im Fall AMRI*. Der Sonderbeauftragte des Senats von Berlin. https://www.berlin.de/sen/inneres/presse/weitere-informationen/artikel.638875.php. Zugegriffen: 8. Oktober 2021.

Kenyon, Jonathan, Christopher Baker-Beall und Jens Binder. 2023. Lone-Actor Terrorism: A Systematic Literature Review. *Studies in Conflict & Terrorism* (46): 2038–2065. https://doi.org/10.1080/1057610X.2021.1892635.

Knight, Frank Hyneman. 2009 [1921]. *Risk, Uncertainty and Profit*. Kissimmee, Fla.: Signalman.

Kühl, Stefan. 2011. *Organisationen. Eine sehr kurze Einführung*. Wiesbaden: VS Verlag für Sozialwissenschaften.

Landtag Nordrhein-Westfalen. 2022. *Schlussbericht des Parlamentarischen Untersuchungsausschusses I („Fall Amri"). Drucksache 17/16890*. https://www.landtag.nrw.de/Dokumentenservice/portal/WWW/dokumentenarchiv/Dokument/MMD17-16890.pdf. Zugegriffen: 26. September 2022.

Lee, YongJei, John E. Eck und Nicholas Corsaro. 2016. Conclusions from the History of Research into the Effects of Police Force Size on Crime — 1968 through 2013: A historical Systematic Review. *Journal of Experimental Criminology* 12 (3): 431–451.

Levinthal, Daniel A. und James G. March. 1993. The Myopia of Learning. *Strategic Management Journal* 14: 95–112.

Luhmann, Niklas. 1967. Soziologische Aufklärung. *Soziale Welt* 18 (2/3): 97–123.

Luhmann, Niklas. 1984. *Soziale Systeme. Grundriss einer allgemeinen Theorie*. Frankfurt am Main: Suhrkamp.
Luhmann, Niklas. 1992. Kontingenz als Eigenwert der Moderne. In *Beobachtungen der Moderne*, hrsg. Niklas Luhmann, 93–128. Opladen: Westdeutscher Verlag.
Malthaner, Stefan und Thomas Hoebel. 2020. Sie sind nicht allein: Stand und Herausforderungen der Einzeltäterforschung. *Mittelweg 36* 29 (4–5): 3–22.
Männle, Philipp. 2024. Planung, Finanzierung und Gestaltung der Krankenhausinfrastruktur – periodische Reformen, persistierende Schwierigkeiten. *der moderne staat – Zeitschrift für Public Policy, Recht und Management* 16 (2–2023): 380–399. https://doi.org/10.3224/dms.v16i2.05.
March, James G. 1991. Exploration and Exploitation in Organizational Learning. Special Issue: Organizational Learning: Papers in Honor of (and by) James G. March. *Organization Science* 2 (1): 71–88.
McCauley, Clark und Sophia Moskalenko. 2008. Mechanisms of Political Radicalization: Pathways Toward Terrorism. *Terrorism and Political Violence* 20 (3): 415–433. https://doi.org/10.1080/09546550802073367.
McCauley, Clark und Sophia Moskalenko. 2017. Understanding Political Radicalization: The Two-Pyramids Model. *The American Psychologist* 72 (3): 205–216.
Monjardet, Dominique. 1996. *Ce que fait la police. Sociologie de la force publique*. Paris: La Découverte.
Nagin, Daniel S. 2013. Deterrence in the Twenty-First Century. *Crime and Justice* 42 (1): 199–263.
Neidhardt, Friedhelm. 1982. Soziale Bedingungen terroristischen Handelns: Das Beispiel der „Baader Meinhoff Gruppe" (RAF). In *Gruppenprozesse*, hrsg. Wanda von Baeyer-Katte, 318–391. Analysen zum Terrorismus, Bd. 3. Opladen: Westdeutscher Verlag.
Neidhardt, Friedhelm. 2006. Akteure und Interaktionen: Zur Soziologie des Terrorismus. In *Die RAF und der linke Terrorismus*, hrsg. Wolfgang Kraushaar, 123–137. Hamburg: Hamburger Edition.

Newburn, Tim. 2022. The inevitable Fallibility of Policing. *Policing and Society* 32 (3): 434–450.

Perrow, Charles. 1984. *Normal Accidents. Living with high-risk Technologies.* New York: Basic Books.

Piazza, James A. und Michael J. Soules. 2021. Terror after the Caliphate: The Effect of ISIS Loss of Control over Population Centers on Patterns of Global Terrorism. *Security Studies* 30 (1): 107–135. https://doi.org/10.1080/09636412.2021.1885729.

Reason, James. 2016. *Managing the Risks of Organizational Accidents:* Routledge.

Richards, Anthony. 2019. Defining Terrorism. In *Routledge Handbook of Terrorism and Counterterrorism*, hrsg. Andrew Silke, 13–21. Abingdon, Oxon, New York, NY: Routledge.

Scharpf, Fritz W. 1972. Komplexität als Schranke der politischen Planung. In *Gesellschaftlicher Wandel und politische Innovation: Tagung der Deutschen Vereinigung für Politische Wissenschaft in Mannheim, Herbst 1971*, hrsg. Erwin Faul, 168–192. Politische Vierteljahresschrift Sonderheft 4 / 1972. Wiesbaden: VS Verlag für Sozialwissenschaften.

Schattka, Chris. 2020. Halle (Saale), 9. Oktober 2019: Protokoll eines Anschlags. *Mittelweg 36* 29 (4–5): 45–62.

Schneckener, Ulrich. 2019. Die Individualisierung des Attentats.: Charakteristika der terroristischen Gewaltstrategie des »Islamischen Staates« in Westeuropa. *Leviathan* 47 (4): 445–473.

Schütz, Marcel. 2022. In der Regel soll es keine Abweichungen geben": Über Regelsetzung, Regelvariation und Regelverstoß am Beispiel eines kommunalen technischen Betriebs: organisatorische und juristische Aspekte. *Nordrhein-Westfälische Verwaltungsblätter (NWVBl.). Zeitschrift für öffentliches Recht und öffentliche Verwaltung* 35 (5): 182–193.

Schuurman, Bart, Lasse Lindekilde, Stefan Malthaner, Francis O'Connor, Paul Gill und Noémie Bouhana. 2019. End of the Lone Wolf: The Typology that Should Not Have Been. *Studies in Conflict & Terrorism* 42 (8): 771–778.

Seibel, Wolfgang. 2014. Kausale Mechanismen des Behördenversagens: Eine Prozessanalyse des Fahndungsfehlschlags bei der Aufklärung der NSU-Morde. *dms – der moderne staat – Zeitschrift für Public Policy, Recht und Management* 7 (2): 375–413.

Seibel, Wolfgang. 2021. Verwaltungsdesaster und Verwaltungsethik. In *Verwaltung – Ethik – Menschenrechte*, hrsg. Tobias Trappe, 39–56. Wiesbaden: Springer Fachmedien Wiesbaden.

Seibel, Wolfgang, Kevin Klamann und Hannah Treis (Hrsg.). 2017. *Verwaltungsdesaster. Von der Loveparade bis zu den NSU-Ermittlungen*. Frankfurt, New York: Campus.

Simon, Herbert A. 1949. *Administrative Behavior*. New York: The Macmillan Company.

Simon, Herbert A. 1962. The Architecture of Complexity. *Proceedings of the American Philosophical Society* 106 (6): 467–482.

Simon, Herbert A. 1981. *The Sciences of the Artificial*, 2. Aufl. Cambridge, Mass.: MIT Press.

Snook, Scott A. 2000. *Friendly Fire. The Accidental Shootdown of U.S. Black Hawks over Northern Iraq*. Princeton, N.J.: Princeton University Press.

Tilly, Charles. 2005. Terror as Strategy and Relational Process. *International Journal of Comparative Sociology* 46 (1-2): 11–32.

Waldmann, Peter. 1998. *Terrorismus. Provokation der Macht*. München: Gerling Akademie Verlag.

Weick, Karl E. 1987. Organizational Culture as a Source of High Reliability. *California Management Review* XXIX (2): 112–127.

Weinhauer, Klaus und Jörg Requate (Hrsg.). 2012. *Gewalt ohne Ausweg? Terrorismus als Kommunikationsprozess in Europa seit dem 19. Jahrhundert*. Frankfurt am Main: Campus.

GPSR Compliance
The European Union's (EU) General Product Safety Regulation (GPSR) is a set of rules that requires consumer products to be safe and our obligations to ensure this.

If you have any concerns about our products, you can contact us on

ProductSafety@springernature.com

In case Publisher is established outside the EU, the EU authorized representative is:

Springer Nature Customer Service Center GmbH
Europaplatz 3
69115 Heidelberg, Germany

www.ingramcontent.com/pod-product-compliance
Lightning Source LLC
LaVergne TN
LVHW020347260326
834688LV00045B/1572